会计手工模拟实验

Kuaiji Shougong Moni Shiyan

主　编　王红
副主编　金芬　冉光圭

西南财经大学出版社
中国·成都

图书在版编目(CIP)数据

会计手工模拟实验/王红主编 .—成都:西南财经大学出版社,2017.12

ISBN 978-7-5504-3175-1

Ⅰ.①会… Ⅱ.①王… Ⅲ.①会计学—实验—高等学校—教材
Ⅳ.①F230-33

中国版本图书馆 CIP 数据核字(2017)第 195414 号

会计手工模拟实验

主　编:王红
副主编:金芬　冉光圭

责任编辑:廖术涵
助理编辑:廖庆
封面设计:张姗姗
责任印制:封俊川

出版发行	西南财经大学出版社(四川省成都市光华村街 55 号)
网　　址	http://www.bookcj.com
电子邮件	bookcj@foxmail.com
邮政编码	610074
电　　话	028-87353785　87352368
照　　排	四川胜翔数码印务设计有限公司
印　　刷	郫县犀浦印刷厂
成品尺寸	185mm×260mm
印　　张	13.25
字　　数	295 千字
版　　次	2017 年 12 月第 1 版
印　　次	2017 年 12 月第 1 次印刷
印　　数	1—2000 册
书　　号	ISBN 978-7-5504-3175-1
定　　价	28.00 元

前 言

《会计手工模拟实验》是会计学、财务管理及工商管理大类专业学生在完成管理学原理、会计学原理、中级财务会计等课程理论学习的基础上，为帮助学生掌握会计核算一般程序和要求，提高学生实际操作能力，开设的一门专业模拟实验课程。

本书在编写过程中，虚拟设计出贵州新华管业有限公司这个企业，并通过实地调研目标公司，对其生产经营过程、发生的经济业务、财务核算流程等进行分析和总结，根据教材编写的目标，结合近几年新制定及修订的企业会计准则及“营改增”等税收法规的要求，进行简化和综合，最终编拟了贵州新华管业有限公司 12 月份的经济业务，使该模拟实验更贴近企业实际，更具真实性。

本书围绕账务处理流程进行设计，全书包括企业概况简介、企业财务会计核算制度和核算要求、会计模拟核算预备知识、会计核算模拟资料及参考答案五部分。学生通过填制凭证、登记账簿、成本计算、编制科目汇总表和会计报表等，能较快地将所学会计核算专业知识与实际工作联系起来，提高其实际操作技能和分析、解决问题的能力，为学生尽快适应企业实际工作打下基础。参考答案部分，内容完整，尤其是账簿的设置、登记及结账处理，对初学者有较强的借鉴意义。

本书由王红副教授担任主编，金芬副教授和冉光圭教授担任副主编。本书不仅可以作为在校本科、专科学生必备的教材，而且还可作为在职会计人员自修用书。

本书是贵州省本科教学工程项目“财务管理专业综合改革试点”（项目编号：SJZZ201403）的研究成果之一。项目负责人冉光圭教授感谢贵州省教育厅对该项目的立项资助。

由于编者水平有限，书中难免有疏漏之处，恳请读者批评指正。

目 录

第一部分 企业概况简介

一、企业基本情况

企业名称：贵州新华管业有限公司

公司地址：贵阳市华莲路98号

开户银行：中国工商银行贵阳华莲路支行

账　号：13200017961608

统一社会信用代码：9152010261905891C

公司类型：有限责任公司（自然人投资或控股）

经营范围：生产、销售煤矿、石化、城建用上下水玻璃管道、玻璃制品、玻璃钢材料、复合管道、金属管道

法定代表人：赵卫国

公司注册日期：20×3年12月25日

二、公司注册资本及股东投资比例

公司注册资本1 500万元，股东以现金进行投资。

股东一：赵卫国，投入资本1 125万元，持股比例75%。

股东二：刘晓霞，投入资本375万元，持股比例25%。

三、公司组织架构

（一）贵州新华管业有限公司的组织架构（如图1.1所示）

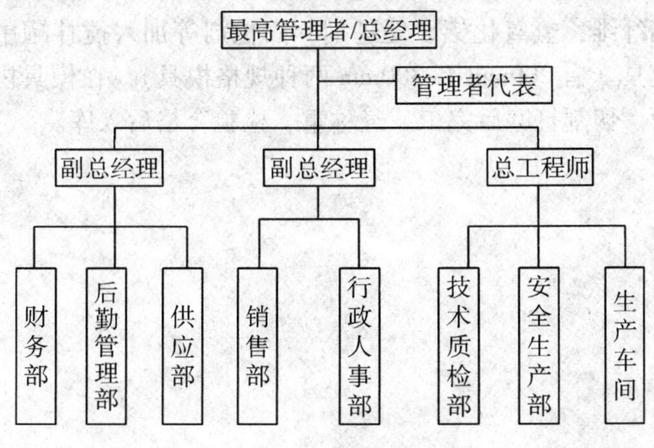

图1.1 公司组织架构图

（二）公司人员构成

20×7 年 12 月，公司人员构成如表 1.1 所示。

表 1.1　　贵州新华管业有限公司人员明细表

20×7 年 11 月 30 日　　单位：人

部门	管理人员	一般工作人员	工人	合计
总经办	5			5
财务部	1	2		3
后勤管理部	1	3		4
供应部	1	2		3
销售部	1	4		5
行政人事部	1	2		3
技术质检部	1	1		2
生产安全部	1	1		2
生产车间	3		32	35
合计	15	15	32	62

四、公司的历史沿革

公司注册于 20×3 年 12 月 25 日，20×3 年该公司以每亩（1 亩≈666.67 平方米，下同）20 万元的价格取得工业用地 45 亩，20×4 年 1 月 1 日开始建设，投资近 900 万元，完成了办公楼、厂房建设及设备购置，20×4 年 12 月 31 日建设完成交付使用，20×5 年 1 月 1 日正式投产，20×5 年盈利超百万元。公司现有员工 62 人。

五、公司产品生产工艺

公司生产的产品是聚酯复合管，规格分别是 300mm 和 200mm 两种。产品生产工艺为：将树脂、聚酯纤维、氢氧化铝、促进剂、固化剂等加入搅拌罐中混合，采用高速旋转使物料进入模具（有 200mm 和 300mm 两种规格模具），在模具内固化成成型的管道，最后经过覆膜、切割打磨后完工，经称重、检验合格后入库。

第二部分　企业财务会计核算制度及核算要求

一、企业会计核算组织形式及会计机构的设置

本企业会计工作组织采用集中核算。根据公司的组织架构设置财务部，负责集中处理全厂财务会计核算工作。财务部人员：财务部经理王东，会计主管刘晓莉，出纳李红，会计张楠。

二、企业账务处理程序

本企业采用科目汇总表账务处理程序进行账务处理。

企业的记账凭证可选用通用记账凭证格式或专用记账凭证格式。企业需开设总分类账、明细分类账和日记账。总分类账一律采用三栏式账页格式，可选活页式账本或订本式账本；明细分类账采用活页式账本，根据需要分别选用三栏式、多栏式、数量金额式或专用格式账页；日记账采用订本式账本，账页格式为三栏式格式。

三、货币资金的核算要求

本企业的库存现金限额为 30 000. 00 元；本企业只在中国工商银行贵阳华莲路支行开立一个基本户，银行转账结算主要采用支票、网上银行、银行汇票、委托收款、汇兑等结算方式。

四、存货的核算要求

材料的核算根据本企业的实际情况采用实际成本计价核算，发出材料的计价采用先进先出法。

周转材料采用实际成本计价，发出周转材料采用先进先出法，摊销采用五五摊销法。

产成品采用实际成本核算，发出产品的计价采用全月一次加权平均法。

五、固定资产的核算要求

本企业的固定资产按资产大类分类，进行二级核算，按固定资产项目设固定资产卡片进行三级核算。本企业固定资产折旧均采用年限平均法，折旧额采用月折旧率进行计算。

六、税金

本企业为增值税一般纳税人，在国税局计交增值税、教育费附加、地方教育费附加，在地方税务局计交城市维护建设税、个人所得税、印花税等。增值税税率为 17%，教育费附加按流转税额的 3%计交，地方教育费附加按流转税额的 2%计交，城市维护建设税的税率为 7%。

七、费用及产品成本的核算要求

1. 根据本企业生产类型特点及成本管理要求采用品种法进行成本核算。企业生产工艺特点为单步骤生产工艺，月末无在产品。产品成本分别设置直接材料、直接人工和制造费用三个成本项目。

2. 外购动力费用按产品产量在产品间进行分配。

3. 车间工人工资采用计时工资进行计算和分配。

4. 按车间设置制造费用明细账，制造费用采用产品产量比例法进行分配。

5. 职工福利费的核算采取按实际发生额列支，不再计提。

6. 计提坏账准备采用“账龄分析法”，比例为：账龄 1 年以内的 3%，1 年以上的 10%。

7. 无形资产采用直线法摊销，残值为 0。

八、其他要求

计算中，分配率要求精确到 0.000 1，价格、单位成本等精确到 0.01 元，出现尾差按业务需要进行调整。

第三部分　会计模拟核算预备知识

一、会计凭证

（一）会计凭证概述

会计凭证是用于记录经济业务，明确经济责任，据以登记账簿的书面证明。填制和审核会计凭证，是会计核算的一种基本方法，是进行会计核算工作的基础和起点。会计凭证的意义和作用概括起来主要有三点：第一，通过填制会计凭证，可以正确、及时地反映各项经济业务的内容，为登记账簿提供可靠的依据；第二，通过填制会计凭证，可以加强经营管理上的责任制，明确经济责任；第三，通过对会计凭证的审核，可以发挥会计的监督作用，监督检查经济业务是否具有合法性，确保单位财产物资的安全和合理使用。根据填制的程序和用途不同，会计凭证分为原始凭证和记账凭证两大类。

（二）原始凭证

原始凭证，又称单据，它是经济业务发生时直接从对方取得或自己填制的、用来记载经济业务的发生和完成情况的原始证明，是会计核算的原始依据。

1. 原始凭证的分类

原始凭证按取得的来源可分为外来原始凭证和自制原始凭证两类。外来原始凭证，是指在同外单位发生经济往来时，从外单位所取得的原始凭证（一般都是一次凭证）。如购买材料时从供货单位取得的增值税专用发票、增值税普通发票，付款时取得的收据等票据。自制原始凭证，是指由本单位内部经办业务的部门或个人，在完成某项经济业务时自行填制的凭证。如商品、材料等入库时的收货单、收料单，销售商品时开出的发货单、销售发票等。

原始凭证按照填制方法不同可以分为一次凭证、累计凭证和汇总凭证。一次凭证是指只反映一项经济业务或者同时反映若干项同类性质的经济业务，但填制手续是一次完成的会计凭证，外来原始凭证通常都是一次凭证，自制原始凭证大部分也都是一次凭证。累计凭证是指在一定时期内连续记载若干项同类经济业务的会计凭证，但这类凭证的填制手续是随着经济业务发生而分次进行的。汇总凭证是指将一定时期内若干张同类经济业务的原始凭证汇总填制的原始凭证。

2. 原始凭证的基本内容

无论是哪种原始凭证，一般都具有下列基本内容：

（1）原始凭证的名称（如发票、收据、领料单、发料单等）；

（2）填制凭证的日期；

（3）填制凭证单位的名称或者填制人姓名；

（4）经办人的签名或者盖章；

（5）接受凭证单位名称；

（6）经济业务内容摘要；

（7）经济业务所涉及财物的数量、单位和金额等。

3. 原始凭证的填制要求

（1）凭证的内容必须真实可靠。原始凭证上记载的金额必须与实际情况完全相符，不允许有任何歪曲和弄虚作假。

（2）原始凭证的内容必须规范和完整。要达到该要求，必须做到如下几点：①从外单位取得的原始发票，必须盖有填制单位的公章。从个人取得的原始凭证，必须有填制人员的签名或者盖章。自制原始凭证必须有经办单位领导人或者其指定的人员签名或盖章。对外开出的原始凭证，必须加盖本单位公章。②凡填有大写和小写金额的原始凭证，大写与小写金额必须相符。购买实物的原始凭证，必须有验收证明。支付款项的原始凭证，必须有收款单位和收款人的收款证明。③一式几联的原始凭证，应当注明各联的用途，只能以一联作为报销凭证。一式几联的发票和收据，必须用双面复写纸（发票和收据本身具备复写纸功能的除外）套写，并连续编号。作废时应当加盖“作废”戳记，连同存根一起保存，不得撕毁。④发生销货退回的，除填制退货发票外，还必须有退货验收证明；退款时，必须取得对方的收款收据或者汇款银行的凭证，不得以退货发票代替收据。⑤职工出差借款凭据，必须附在记账凭证之后。收回借款时，应当另开收据或者退还原借款收据。⑥经上级有关部门批准的经济业务，应当将批准文件作为原始凭证附件。如果批准文件需要单独归档的，应当在凭证上注明批准机关名称、日期和文件字号。⑦原始凭证不得涂改、挖补。发现原始凭证有错误的，应当由开出单位重开或者更正，更正处应当加盖开出单位的公章。

（3）书写清楚、规范。填写在原始凭证上的文字、数字必须清楚、规范，易于辨认。阿拉伯数字应当一个一个地写，不得连笔写。阿拉伯数字金额前面应当书写货币币种符号或者货币名称简写和币种符号。币种符号和阿拉伯金额之间不得留有空白。所有以元为单位的阿拉伯数字，除表示单价等情况外，一律填写到角分。大写金额用壹、贰、叁、肆、伍、陆、柒、捌、玖、拾、佰、仟、万、元、角、分等，不得任意使用或乱造简化字。大写金额前面要有“人民币”等货币名称。各种凭证要用蓝字或黑字书写，复写时可用圆珠笔。

（4）填制原始凭证必须及时。当一项经济业务发生或完成时，要立即填制原始凭证，做到不积压、不误时，不事后补制，并按照规定程序及时交付财会部门审核。

4. 原始凭证的审核和结果的处理

为了保证原始凭证的合法性、合理性、真实性，更有效地发挥会计工作的监督作用，维护财经纪律，必须要对原始凭证进行严格的审核，审核一般从四个方面开展。

（1）审核原始凭证的合法性，即审查原始凭证所反映的经济业务是否符合国家有关方针、政策、法令、制度和计划，是否有违反财经纪律、不按制度和计划办理的事项；是否严格执行经济合同的有关规定；是否在成本开支范围内办事，有无铺张浪费、虚报冒领、贪污舞弊等不法行为。

（2）审核原始凭证的真实性。真实性审核就是审核原始凭证的日期、业务内容、数据是否真实可靠，是否如实反映了经济业务的发生和完成情况。

（3）审核原始凭证的完整性，即审核原始凭证手续是否完备，填写项目内容是否完整，应填写的项目是否填写齐全，有关经办人员是否都已签章，是否经过主管人员审批同意等。

（4）审核原始凭证的正确性，即审核原始凭证上填写的数字和文字是否清楚，数字计算是否正确，大写与小写金额是否相符等。

只有审核无误的原始凭证才能据以填制记账凭证。对于填写不正确、不完整或手续不完备的原始凭证，应予以退回，要求更正、补充，或者重新填制。对于不符合计划、合同的经济业务，应该拒绝签字或盖章，并向本单位的负责人报告，必要时还应向上级机构反映有关情况。对于弄虚作假、涂改、伪造单据等违反国家法规、制度的违法乱纪行为，应予以抵制，及时上报领导处理。

（三）记账凭证

记账凭证是指由会计人员根据审核无误的原始凭证或汇总原始凭证填制的，用来确定会计分录而填制的作为记账依据的一种会计凭证。

1. 记账凭证的分类

（1）记账凭证按其适用的经济业务，可分为专用记账凭证和通用记账凭证两类。

专用记账凭证是专门用来记录某一类经济业务的记账凭证，分为收款凭证、付款凭证和转账凭证三种，收款凭证是根据收入现金、银行存款等货币资金的收款业务编制的记账凭证，付款凭证是用来记录现金、银行存款等货币资金付款业务的记账凭证，转账凭证是指根据与现金、银行存款等货币资金无关的转账业务填制的记账凭证。对于只涉及“库存现金”和“银行存款”两个账户的业务（即现金与银行存款之间的相互划转的业务），如将现金存入银行和从银行存款户提取现金，只编制付款凭证，不编制收款凭证，以避免重复记账。如以现金存入银行时，只编制现金付款凭证；从银行提取现金时，只编制银行存款付款凭证，然后根据付款凭证登记对应账户。

通用记账凭证是与专用记账凭证相对应的一个概念，它是指所有的经济业务，不论是收款、付款还是转账业务，均统一采用相同的格式来编制的记账凭证。

（2）记账凭证按其包括的会计科目是否单一，可分为复式记账凭证和单式记账凭证。

复式记账凭证，又称为多科目记账凭证，它是将涉及某项经济业务的所有会计科目都集中填列在一张记账凭证上。单式记账凭证，又称为单科目记账凭证，它是与复式记账凭证相对应的一个概念，它是将涉及某项经济业务的每一个会计科目都分别单独填列在一张记账凭证上，每一张记账凭证都只记录一个会计科目。

（3）记账凭证按其是否经过汇总，可分为汇总记账凭证和非汇总记账凭证。

汇总记账凭证是根据一定期间的若干张记账凭证按一定的方式汇总编制，据以登记总分类账的凭证，可分为分类汇总记账凭证和全部汇总记账凭证（如科目汇总表）。非汇总记账凭证是没有经过汇总的记账凭证，前面介绍的专用和通用记账凭证都是非汇总记账凭证。

2. 记账凭证的基本内容

所有的记账凭证为满足记账的要求，都应该具备这些基本内容：

（1）记账凭证名称；

（2）填制凭证的日期和凭证的编号；

（3）经济业务的内容摘要；

（4）会计科目的名称和记账方向；

（5）金额；

（6）所附原始凭证张数；

（7）制单人员、稽核人员、记账人员、会计机构负责人、会计主管人员签名或盖章，收款和付款记账凭证还应当由出纳人员签名或者盖章；

（8）记账标记。

3. 记账凭证的填制方法

（1）收款凭证的填制方法。

收款凭证是根据现金或银行存款的收款业务的原始凭证填制的，在收款凭证的左上角的“借方科目”，应该填列“库存现金”或“银行存款”科目。在表格的“贷方科目”项目应该填列与库存现金和银行存款相对应的总账科目及其明细科目。“摘要”项目应该简要注明该项经济业务的基本内容。“记账”栏内应该注明记入有关账簿的页次或通过在该栏划“√”表示已经记账，避免重记、漏记。“金额”栏的数额表示借贷双方的应计金额。此外，应在凭证的右侧填写所附原始凭证的张数。

（2）付款凭证的填制方法。

付款凭证是根据现金或银行存款的付款业务的原始凭证填制的，在付款凭证的左上角的“贷方科目”，应该填列“库存现金”或“银行存款”科目。在表格的“借方科目”项目应该填列与库存现金和银行存款相对应的总账科目及其明细科目。其他项目填制的方法与收款凭证基本相同。

（3）转账凭证的填制方法。

转账凭证是反映不涉及现金和银行存款收付业务的记账凭证。它是由会计人员根据审核无误的转账业务的原始凭证填制的。在借贷记账法下，将经济业务所涉及的会计科目全部填列在凭证内，借方科目在前，贷方科目在后，将各会计科目应借应贷的金额分别填列在“借方金额”和“贷方金额”项目内，借、贷方金额合计数应该相等。

（4）通用凭证的填制方法。

通用凭证的填制是由会计人员根据审核无误的原始凭证填制的，与转账凭证的填制方法基本相同。

4. 记账凭证的填制要求

填制记账凭证时，除严格按照原始凭证的填制要求填制外，还应注意记账凭证的几项特殊填制要求。

（1）会计科目运用准确。必须按照会计准则统一规定的会计科目填写，不得任意简化或改动，不得只写科目编号，不写科目名称，二级和明细科目应填列齐全。

（2）各种记账凭证必须每月连续编号。填制记账凭证时，应当对记账凭证进行连续的编号。编号时，既可以按收款凭证、付款凭证和转账凭证三类号码法分别从第1号开始连续编号，例如收字第×号、付字第×号、转字第×号等；也可以将收款凭证和付款凭证再划分为现收第×号、银收第×号、现付第×号、银付第×号进行编号。使用通用记账凭证时，不区分收款凭证、付款凭证和转账凭证，而是按经济业务发生的先后顺序统一编号。如果一笔经济业务需要填制两张以上记账凭证的，可以采用“分数编号法”编号，即每一笔经济业务编一总号，再按凭证张数编几个分号。注意，记账凭证一般每月重新从第1号开始编号，并始终遵循一定的规律，做到不重号、不漏号。

（3）记账凭证可以根据每一张原始凭证填制，或者根据若干张同类原始凭证汇总填制，也可以根据原始凭证汇总表填制。但不得将不同内容和类别的原始凭证汇总填制在一张记账凭证上。

（4）附件齐全。除结账和更正错误的记账凭证可以不附原始凭证外，其他记账凭证必须附有原始凭证。如果一张原始凭证涉及几张记账凭证，可以把原始凭证附在一张主要的记账凭证后面，并在其他记账凭证上注明附有该原始凭证的记账凭证的编号或者附原始凭证复印件。

（5）记账凭证填制完经济业务后，如有空行，应当自金额栏最后一笔金额数字下的空行处至合计数上的空行处划线注销。

（6）记账凭证填写完毕，并与有关的原始凭证核对无误后，要由有关人员签名或盖章。

5. 记账凭证的审核和处理

应该由专人对记账凭证进行严格审核，审核一般可从以下三个方面展开。

（1）审核记账凭证是否附有合法的原始凭证或原始凭证汇总表。记账凭证和原始凭证在金额、内容、所附原始凭证张数上是否一致。没附原始凭证的记账凭证是否属于调账、结账和更正错账类业务。

（2）审核记账凭证应填写的项目是否填写完备；经济业务是否正常；应借、应贷账户的名称和金额是否正确；账户的对应关系是否清晰；借贷双方能否平衡。

（3）审核记账凭证中有关人员是否签名或盖章。

如果在填制记账凭证时发生错误，错误的记账凭证尚未登记入账的，只需要重新填制一张正确的记账凭证即可。若错误的记账凭证（审核时未被发现）已经据以登记入账的，可以采用红字更正法和补充登记法等方法进行更正。

（四）会计凭证的保管

会计凭证是各项经济活动的历史记录和重要的经济档案，为了防止散乱丢失，保证会计凭证的安全和完整，各单位在完成经济业务手续和登记入账后，会计机构、会计人员必须按规定的立卷归档制度，妥善保管好会计凭证，以便以后查阅使用。在保管会计凭证时要做到以下五点：

（1）会计凭证登记完毕后，应当按照分类和编码顺序保管，不得散乱丢失。

（2）记账凭证应当连同所附的原始凭证或者原始凭证汇总表，按照编号顺序，折叠整齐，按期装订成册，并加具封面，注明单位名称、年度、月份和起讫日期、凭证种类、起讫号码，由装订人在装订线封签处签名或盖章。

(3) 原始凭证不得外借，其他单位如因特殊原因需要使用原始凭证时，经本单位会计机构负责人、会计主管人员批准，可以复制。向外单位提供的原始凭证复制件，应当在专设的登记簿上登记，并由提供人员和收取人员共同签名或者盖章。

(4) 从外单位取得的原始凭证如有遗失，应当取得原开出单位盖有公章的证明，并注明原来凭证的号码、金额和内容等，由经办单位会计机构负责人、会计主管人员和单位领导人批准后，才能代作原始凭证。如果确实无法取得证明的如火车、轮船、飞机票等凭证，由当事人写出详细情况，由经办单位会计机构负责人、会计主管人员和单位领导人批准后，代作原始凭证。

(5) 会计凭证的保管期限必须严格执行会计法规的有关规定。一般会计凭证的保管期限是 15 年，保管期未满，任何人不得随意销毁会计凭证。保管期满后，必须开列清单，报经批准后，由档案部门和会计部门共同派人员监督销毁。

二、会计账簿

(一) 会计账簿的意义

会计账簿是以会计凭证为依据，全面地、连续地、系统地、科学地记录和反映会计主体某一类或全部经济业务的簿籍，它是由具有专门格式而又相互联系在一起的若干账页所组成的。账簿是账户的载体，是按照会计科目开设的。

设置和登记账簿是会计核算的一种重要的方法，可以为经营管理提供系统、完整的会计核算资料，可以帮助正确地计算成本费用和经营成果，为财务成果的分配提供依据。账簿所提供的资料既是编制财务报表的主要依据，又是进行财务分析和会计监督的必要依据，通过账簿提供的资料进行账实核对，可以检查账实是否相符，从而有利于保证各项财产物资和资金的安全完整和合理使用。

会计账簿由封面、扉页和账页三部分组成。封面上应写明账簿的名称和记账单位的名称；扉页上应填列账簿启用日期、截止日期、页数、册次、经管人员及会计主管签章、账户目录等；账页是用来具体记录经济业务内容的，其格式一般有三栏式、数量金额式和多栏式三种。

会计账簿启用时，要填写“账簿启用和经管人员一览表”。会计账簿的登记必须用蓝、黑墨水书写。红色墨水只能在结账、划线、改错和冲账时使用。各种账簿必须逐页、逐行、顺序连续地登记，不得隔页跳行。每登记满一张账页时，应加计本页发生额总数，结出余额，并将其填写在账页最末一行，注明“转次页”字样。在下一页的第一行重复上页的数字，并注明“承前页”字样。

(二) 会计账簿的分类

1. 会计账簿按其用途分类可以分为序时账簿、分类账簿和备查账簿三种

序时账簿（简称序时账）是按照经济业务发生时间的先后顺序，逐日逐笔登记的账簿。由于它逐日逐笔按照顺序进行登记，所以又称为日记账簿（简称日记账）。分类账簿（简称分类账）是对全部经济业务按照总分类账户和明细分类账户进行分类登记

的账簿。备查账簿（简称备查账）是对某些在序时账和分类账等主要账簿中未能记载的经济事项进行补充登记的账簿，又称辅助账簿。

2. 会计账簿按其外表形式可分为订本式账簿、活页式账簿和卡片式账簿三种

订本式账簿是一种在启用以前就将若干账页固定装订成册的账簿，总分类账、现金日记账和银行存款日记账一般采用这种形式的账簿。活页式账簿是把若干账页装存在账夹内，可以随时取出和放入账页的账簿，各种明细账大多采用这种形式的账簿。卡片式账簿是把若干具有专门格式的硬卡或硬纸账卡放在卡片箱内，可以随时取放的账簿，固定资产的明细分类账一般采用这种形式的账簿。

（三）日记账的设置和登记

在实际工作中，常用的日记账是专用日记账，主要包括库存现金日记账和银行存款日记账。库存现金日记账和银行存款日记账的一般格式主要有“三栏式”和“多栏式”两种。三栏式日记账是一种最简单、最基本的账簿格式，是指在每一张账页上分设“收入”（或借方）、“支出”（或贷方）和“结余”（或余额）三栏。

库存现金日记账是用来连续、系统地登记现金收支及余额情况的账簿。应由出纳人员根据审核无误的原始凭证、现金收款凭证、现金付款凭证和银行存款付款凭证（指从银行提取现金的业务）逐日逐笔序时登记。为及时掌握现金的收支情况和结存数额，该账簿应及时登记，并于每日终了计算本日现金收入、支出合计数和结存数，并与库存现金实存数核对相符。月份终了，“库存现金日记账”的余额与“库存现金总账”的余额应核对相符，做到日清月结，保证账款相符、账账相符。

银行存款日记账应由出纳人员根据审核无误的原始凭证、银行存款收款凭证、银行存款付款凭证和现金付款凭证（指将现金存入银行的业务）逐日逐笔序时登记。为及时掌握银行存款的收支情况和结存数额，该账簿应及时登记，并于每日终了计算本日银行存款收入、支出合计数和结存数。每个月月末，应将“银行存款日记账”的余额与“银行存款总账”的余额核对相符。同时，还要将“银行存款日记账”和银行送来的“对账单”核对相符，如果二者余额不一致，其原因可能是记账差错，也可能是存在未达账项。企业应按月编制“银行存款余额调节表”，以查明“银行存款日记账”和银行送来的“对账单”余额不相符是否为未达账项造成的。

此外，还应注意出纳人员负责登记库存现金和银行存款的日记账，但不得同时兼任库存现金和银行存款总分类账的登记工作。

通常在日记账中登记经济业务的步骤如下：

（1）将发生经济业务的日期记入日期栏，年度记入该栏的上端，月、日分两小栏登记。以后只有在更换账页或年度、月份变动时，才再次填写年度和月份。

（2）在“摘要”栏内，简要地记入经济业务的内容，或编制会计分录的原因。

（3）将应借会计科目记入“账户名称”栏，并将金额记入“收入”栏内，将应贷会计科目记入“账户名称”栏，并将金额记入“支出”栏内。

（4）每天根据日记账中收入、支出账户及其金额过入分类账后，应将分类账中该账户的账页号数记入“过账”栏，或在“过账”栏内注明“√”符号，以示已经过

账，便于查对。

（四）总分类账的设置和登记

总分类账（简称总账）是按照总分类科目设置并登记的订本式账，用来分类登记全部经济业务，提供各种资产、负债、所有者权益、收入、成本费用、利润等总括核算资料的分类账簿。由于总分类账能够提供全面、综合、系统的核算资料，并为编制财务报告提供主要依据，因此各企业都要设置这种账簿。

总分类账簿只能以货币作为计量单位，其最常用的格式为三栏式，即分为“借方金额”“贷方金额”“余额”三栏，由会计人员登记完成。除了三栏式外，总分类账还有多栏式的，即把序时记录和总分类记录结合在一起的联合账簿，这种账簿又叫日记总账。由于它具有序时账和总分类账的作用，所以采用这种账簿，能够避免重复记账，提高工作效率，并能一目了然地了解和分析经济活动情况，它适用于交易或事项比较简单且会计科目不多的企业。

总分类账可以按记账凭证逐笔登记（记账凭证核算程序），也可以先定期将记账凭证汇总编制成汇总记账凭证，再根据汇总记账凭证进行登记（汇总记账凭证核算程序），还可以先定期将记账凭证汇总编制成记账凭证汇总表（即科目汇总表），再根据科目汇总表登记总账（科目汇总表核算程序）。总之，其登记方法主要取决于所采用的会计核算组织程序。

月末，在全部经济业务登记入账后，均应结出各总分类账的本期发生额和期末余额。

（五）明细分类账的设置和登记

明细分类账（简称明细账），是根据有关明细分类科目设置并登记，用来分类登记某一类经济业务，提供明细核算资料的分类账簿。它能提供交易或事项比较详细、具体的核算资料，以补充总账所提供核算资料的不足。因此，各企业在设置总账的同时，还应设置必要的明细账。

明细账是登记某类经济业务详细情况的账簿，它根据管理需要设置，管理的需要不同，要求明细账记录和反映的内容也不一样。在实际工作中，由于明细账的记录除了使用货币计量尺度外，必要时还需要采用实物计量单位和劳动计量单位，以提供实物量指标和劳动量指标，因而明细分类账的账页格式通常有三种，即三栏式明细账、数量金额式明细账和多栏式明细账。明细账一般采用活页式或卡片式，对于重要的明细分类账也要采用订本式。例如，金银等贵金属原材料的明细账等。

1. 三栏式明细分类账

三栏式明细分类账与三栏式总分类账的格式基本相同，只设有借方、贷方和余额三个金额栏，不设数量栏。这种格式的明细分类账主要适用于只要求进行金额核算而不要求进行数量核算的账户，如“应收账款”“短期借款”等往来类、借款类、所有者权益类账户的明细核算。

2. 数量金额式明细分类账

数量金额式明细分类账是既能提供货币指标，又能提供实物指标的明细分类账。数量金额式明细分类账分别设收入、发出和结存三大栏，每大栏下又分别设置数量、单价和金额三小栏。这种格式的明细分类账主要适用于既要进行金额核算，又要进行数量核算的各种实物资产的账户，如"原材料""库存商品"等财产物资的明细核算，可以从金额和数量两个方面对财产物资进行双重核算，有利于加强财产物资的管理。

多栏式明细分类账同以上两种明细分类账不同。它不是按照有关的明细科目分设账页，而是根据经济业务的特点和提供资料的要求，在一张账页内的"借方""贷方"按有关明细科目或明细项目分设若干专栏，借以提供明细项目的详细资料。这种格式的明细分类账主要适用于有关费用、成本和收入成果等账户的明细分类核算。

3. 多栏式明细分类账

多栏式明细分类账是指将一个明细账户在一张账页上分设若干专栏予以登记和反映的账页格式。它适用于只记金额、不记数量，而且管理上要求反映其构成内容的成本、费用、收入、财务成果等明细分类账户。由于各种多栏式明细账所记录的经济业务内容不同，所需要核算的指标也不同，因此多栏式分类账账页又可以分为借方多栏式、贷方多栏式和借贷双方多栏式三种格式。借方多栏式明细分类账的账页格式适用于借方需要设多个明细科目或明细项目的账户，如"材料采购""生产成本""制造费用""管理费用""财务费用""营业外支出"等科目的明细分类核算。贷方多栏式明细分类账的账页格式适用于贷方需要设多个明细科目或明细项目的账户，如"主营业务收入""营业外收入"等科目的明细分类核算。借贷方多栏式明细分类账的账页格式适用于借方和贷方均需要设多个明细科目或明细项目的账户，如"本年利润"科目的明细分类核算。

各种明细分类账的登记方法，应根据经济业务的繁简和经营管理的实际需要而定，一般应根据记账凭证或原始凭证、汇总原始凭证逐日逐笔登记，也可以根据这些凭证逐日或定期汇总后登记。对于只设借方或只设贷方专栏或直接按明细项目设专栏的账页，则交易或事项的增加发生额用蓝色笔登记，减少发生额用红色笔登记在相应专栏内，表示冲减增加发生额。

（六）对账和结账

1. 对账

为保证各种账簿记录的完整性和正确性，如实反映和控制经济活动情况，为编制财务报表提供真实可靠的数据资料，必须定期或不定期地对会计账簿记录进行核对，做到账证相符、账账相符和账实相符。

对账的内容主要有：

（1）账证核对。账证核对是指将各种账簿记录与有关的记账凭证和原始凭证进行核对，以保证账证相符。即核对会计账簿记录与有关的原始凭证、记账凭证的时间、凭证字号、内容、金额是否一致，记账方向是否相同等。这种核对是在编制记账凭证和记账的日常工作中进行的，账证相符是保证账账、账实相符的基础。

（2）账账核对。账账核对是指将各种账簿之间有关数字核对，以保证账账相符。具体核对内容主要包括：

①总分类账中各账户本期借方发生额合计数与贷方发生额合计数应核对相符，借方期末余额合计数与贷方期末余额合计数核对相符。

②总分类账中有关账户的发生额和余额与其所属各明细分类账户的发生额之和及余额之和应分别核对相符。

③库存现金日记账和银行存款日记账的发生额和余额与总分类账中各该账户的发生额和余额核对相符。

④会计部门各种财产物资明细分类账的发生额和余额与财产物资保管部门或使用部门的有关财产物资保管账的发生额和余额核对相符。

(3) 账实核对。账实核对是指各种财产物资、货币资金的账面余额与实有数进行核对，以保证账实相符。具体核对内容包括：

①库存现金日记账的余额与现金实际库存数逐日核对相符。

②银行存款日记账的余额与开户银行对账单应定期（一般每月核对一次）核对相符。

③各种财产物资明细分类账的结存数量与实存数量定期（一般每年至少核对一次）核对相符。

④各种债权债务明细分类账的余额应经常或定期与有关的债务人和债权人核对相符。

2. 结账

结账就是在将本期内所发生的经济业务事项全部登记入账的基础上，按规定的方法对该期内的账簿记录进行小结，结算出本期发生额合计和余额，并将其余额转入下期或转入新账。按结账时期不同，结账可分为月结、季结和年结三种。各单位必须在会计期末进行结账，不能为赶编会计报告而提前结账，更不能先编制财务会计报告后结账。

结账的工作程序主要包括如下内容：

(1) 结账前，检查本期内发生的所有经济业务是否都已填制凭证，并据以入账，若有漏记、错账应及时补记、更正。

(2) 根据权责发生制原则，本期内所有的转账业务应编成记账凭证记入有关账簿，以调整账簿记录，正确结转有关收入、成本和费用账户，以便正确计算本期财务成果。

(3) 在将本期经济业务全部登记入账的基础上，结出库存现金日记账、银行存款日记账以及总分类账和各明细账账户的本期发生额和余额，并结转下期（一般年底结账时才进行结转下年的工作）。

三、财务会计报告

(一) 财务会计报告的构成

财务会计报告是以日常会计核算资料为主要依据定期整理、汇总编制的，用来集中、概括地反映企业某一特定日期的财务状况和某一会计期间的经营成果、现金流量情况的书面文件。编制财务会计报告是会计核算的一种专门方法，也是会计工作的一项重要内容。

财务会计报告包括财务报表和其他应当在财务会计报告中披露的报表附注。

财务报表也称会计报表，是对企业财务状况、经营成果和现金流量的结构性表述，应包括：资产负债表、利润表、现金流量表和所有者权益变动表。

会计报表附注是对企业会计报表的解释和补充说明，提供的是与企业会计报表所反映的会计信息相关的其他财务信息。通过会计报表附注可以对一些会计报表项目本身难以表达的内容，通过附注加以说明和解释。例如：企业所采取的会计政策以及会计政策的变更，等等。

（二）财务会计报告的作用

在日常会计核算中，企业发生的各项经济业务都已按照一定的会计程序和方法填制了会计凭证，在有关的账簿中进行了全面、连续、分类的反映。但是，会计凭证和账簿所提供的信息比较分散，不能集中、概括地反映企业的财务状况和经营成果，不便于会计信息使用者理解和利用。因此，就有必要定期地将日常会计核算资料加以分类调整、汇总，按照一定的形式编制财务报表，总括综合地反映企业的经济活动过程和结果，为有关方面进行管理和决策提供所需的会计信息。具体来说，财务会计报告的作用主要表现在以下三个方面：

第一，为企业的投资者和债权人进行正确的投资决策和信贷决策提供必要的财务会计信息，帮助他们了解企业的财务状况、经营成果和现金流量情况。

第二，为企业管理者总结经济管理工作中的成绩和存在的问题，分析财务计划或预算的执行情况提供必要的财务会计信息。

第三，为政府及相关部门、机构进行经济管理提供必要的财务会计信息。

（三）编制财务会计报告的要求

企业的财务会计报告必须同时满足不同使用者的需要，为了保证财务会计报告的质量，企业编制财务会计报告应遵循以下三点要求。

1. 内容完整

企业应当按照国家统一的会计制度规定的报表格式和内容，根据登记完整、核对无误的会计账簿记录和其他有关资料编制财务报表，不得遗漏或任意取舍。

2. 数字真实

在填列会计报表的各个项目时，必须遵循客观性原则，保证数据真实可靠。不得以估计数字或虚假数字填列会计报表。需要计算填列的数字必须按照企业会计准则、制度等规定的方法进行计算，保证计算准确，报表中的相关指标应该衔接的一定要衔接，应平衡的一定要平衡，借以保证会计报表的真实性。

3. 编报及时

企业必须在会计制度规定的期限内，按时编制和报送财务会计报告。以保证各种会计报表能充分发挥其作用，使本单位和上级主管部门能够充分地利用会计报表资料，分析问题、解决问题，及时改善经营管理。

（四）编制财务报表前的准备工作

为保证财务报表所提供信息的质量，编制报表前应做好以下准备工作：

（1）期末进行账项调整；

（2）对财产物资进行清查盘点，核实债务，保证账实相符；

（3）对账，做到账证相符、账账相符、账实相符；

（4）结账，正确计算并结转各账户的本期发生额和余额。

（五）资产负债表及其编制

资产负债表是反映企业某一特定日期（月末、季末或年末）财务状况的会计报表。企业的财务状况就是指企业资产、负债以及所有者权益的分布情况。资产负债表就是根据资产、负债和所有者权益之间的关系，按照一定的分类标准和一定的顺序，把企业一定日期的资产、负债和所有者权益各项目予以适当排列，并对日常工作中形成的大量数据进行高度浓缩整理后编制而成的。资产负债表是一张静态会计报表，它反映了资金运动在某一特定日期的相对静止状态。

通过资产负债表，可以了解企业的经济来源及其分布情况，并据此可以分析企业资产分布是否合理；通过资产负债表，可以反映企业某一日期的资产总额和负债总额以及构成情况，投资者和债权人据此可以分析企业资本结构的合理性和所面临的财务风险；通过资产负债表，可以反映企业的财务实力、短期偿债能力和支付能力。

资产负债表分为表头、表体和附注三个部分。

表头部分包括报表的名称、编制报表单位的名称、编表日期以及编表所用的货币名称和计量单位。其中，报表日期应填写为某年某月某日，且为报告期末的最后一日。

表体部分有账户式和报告式两种基本格式，我国企业的资产负债表采用账户式结构。表分为左、右两方，左方列示企业所有的资产类项目及各项目的年初数和期末数，右方列示企业的负债、所有者权益类项目及各项目的年初数和期末数。根据“资产=负债+所有者权益”这一会计恒等式的基本原理，左方的资产总额应等于右方的负债和所有者权益相加的总额。

资产负债表中的每个项目均应分别填列年初数和期末数。其中，年初数根据上年12月31日资产负债表的期末数进行填列；期末数则大多根据本年资产、负债以及所有者权益各个项目相应的总账科目余额进行填列。其基本原理是：

（1）根据总账期末余额直接填列。资产负债表中的大部分项目可根据有关总账的期末余额直接填列。

（2）根据若干总账期末余额之和填列。资产负债表中的某些项目，是根据若干总账的期末余额之和填列的。如：“货币资金”“存货”等项目。

（3）根据若干总账期末余额之差填列。资产负债表中的某些项目，是根据若干总账的期末余额之差进行填列的。

（4）根据若干明细账户期末余额之和填列。资产负债表中的某些项目，是根据若干明细科目的期末余额之和进行填列的。如“应收账款”“预付账款”“应付账款”“预收账款”等项目，需分别根据各总账所属的各明细账的期末借方余额之和或贷方余额之和，经计算后填列。

（5）根据相关数字分析计算填列。资产负债表中的某些项目，是根据相关数字分析计算后进行填列的。如:“一年内到期的长期负债”等项目应根据有关项目计算分析填列。

(六) 利润表及其编制

利润表，是反映企业一定会计期间(月度、季度、半年度和年度)内的经营成果的会计报表。通过利润表可以了解企业利润(亏损)形成的情况，据以分析、考核企业经营目标及利润计划执行情况，并分析企业利润增减的原因;通过利润表提供的不同时期的比较数字(本月数、本年累计数、上年数)可以计算出财务分析需要的一系列财务指标，据以分析出企业的获利能力及企业未来期间的发展趋势，了解投资者投入资本的保值增值情况。

利润表的格式分为单分式与多步式两种，我国《企业会计准则》规定企业的利润表采用多步式格式，即企业的利润计算分为四步进行:

第一步:计算出营业利润。

营业利润=营业收入-营业成本-税金及附加-销售费用-管理费用-财务费用-资产减值损失+公允价值变动收益+投资收益

第二步:计算出利润总额。

利润总额=营业利润+营业外收入-营业外支出

第三步:计算出净利润。

净利润=利润总额-所得税费用

第四步:计算出每股收益，每股收益包括基本每股收益、稀释每股收益。

月度、季度、半年度的利润表各项目需要分为“本期数”和“本年累计数”两栏分别填列。各个项目的“本期数”根据各有关会计科目的本期发生额分析填列;“本年累计数”栏反映各个项目自年初起到本报告期为止的累计发生数，应根据上月利润表中的“本年累计数”加上本月利润表中的“本期数”之和填列。

年度利润表的各项目一般分为“本年金额”和“上年金额”两栏分别填列，“本年金额”栏内除每股收益中的项目外，其他各项目一般根据收入和费用类账户至报告期末的本年累计发生额填列。“上年金额”栏内各项数字，应根据上年度同期利润表“本年金额”栏内所列的数字填列。如果上年末利润表与本年利润表的项目名称和内容不一致，则按编报当年的口径对上年度报表项目的名称和数字进行调整，再填入本年度利润表中的“上年金额”栏内。

每股收益是反映企业普通股股东持有每一股份所能享有的企业利润或承担的企业亏损的业绩评价指标。每股收益指标有助于投资者、债权人等信息使用者评价、比较企业或企业之间的盈利能力，预测企业成长潜力，进而做出经济决策。

(七) 现金流量表及其编制

现金流量表是以收付实现制为基础编制的，反映企业在一定会计期间现金流入和流出情况的会计报表。现金流量表是以现金为基础编制的，这里的现金是指企业的库存现金、可以随时用于支取的银行存款以及现金等价物。具体包括:

(1) 库存现金。库存现金是指企业持有的，可以随时用于支付的现金，与会计核算中的“库存现金”科目所包括的内容一致。

（2）银行存款。银行存款是指企业存在金融企业，随时可以用于支付的存款，与会计核算中“银行存款”科目所包括的内容基本一致。区别在于：如果存在金融企业中的是不能随时支取的存款，例如存在银行中的定期存款，就不能视为现金流量表中的现金，但提前通知金融企业便可支取的定期存款，则属于现金流量表中的现金范围内。

（3）其他货币资金。其他货币资金是指企业存在金融企业，有特定用途的资金，如外埠存款、银行汇票存款、银行本票存款、信用证保证金存款、信用卡存款等。

（4）现金等价物。现金等价物是指企业持有的期限短、流动性强、易于转换为已知金额的现金和价值变动风险很小的短期投资。现金等价物虽然不是现金，但却具备了现金的特征，其支付能力与现金差别不大，因此可以将现金等价物视为现金。认定现金等价物时，期限短通常是指从购买日起三个月内到期。

通过现金流量表可以反映企业净利润的现金含量，帮助财务报表使用者分析企业的偿债能力和股利支付能力，帮助财务报表使用者预测企业未来产生现金流量的潜力，了解企业发生的其他重要的现金收付方面的财务信息。

现金流量表分为表头和表体两个部分，表头部分包括表名、编制单位、编表时间、报表编号和货币计量单位等要素。表体部分为报告式结构，报告式结构又分为直接法和间接法。

直接法是通过现金收入和现金支出的主要类别直接反映来自企业经营活动的现金流量的一种列报方法，是以利润表中各主要收支项目为基础，调整与经营活动有关的项目的增减变动，然后计算出经营活动的现金流量。间接法是以本期净利润为起点，调整不涉及现金的收入、费用、营业外收支以及经营性应收应付等项目的增减变动，据此计算出经营活动的现金流量的一种方法。

我国《企业会计准则第 31 号——现金流量表》将企业的业务活动按其性质分为经营活动、投资活动与筹资活动，为了在现金流量表中反映企业在一定时期内现金净流量变动的原因，相应地将企业一定期间内产生的现金流量分为以下三类：

第一类：经营活动产生的现金流量。

经营活动是指企业投资活动和筹资活动以外的所有交易和事项，对于工商企业而言，经营活动主要包括销售商品、提供劳务、购买商品、接受劳务、支付税费等。

一般来说，经营活动产生的现金流入项目主要有：销售商品、提供劳务所收到的现金；收到的税费返还；收到的其他与经营活动有关的现金。经营活动产生的现金流出项目主要有：购买商品、接受劳务所支付的现金；支付给职工及为职工支付的现金；支付的各种税费；支付的其他与经营活动有关的现金。

第二类：投资活动产生现金流量。

投资活动是指企业长期资产的购建和不包括在现金等价物范围内的投资及其处置活动。一般来说，投资活动产生的现金流入项目主要有：收回投资所收到的现金；取得投资收益所收到的现金；处置固定资产、无形资产和其他长期资产所收回的现金净额；收到的其他与投资活动有关的现金。投资活动产生的现金流出项目主要有：购建固定资产、无形资产和其他长期资产所支付的现金；投资所支付的现金；支付的其他与投资活动有关的现金。

第三类：筹资活动产生的现金流量。

筹资活动是指导致企业资本及债务规模和结构发生变动的活动。这里所说的资本，包括实收资本（股本），也包括资本溢价（股本溢价）；这里所说的债务，是指对外举债，包括借款、发行债券、融资租赁等。但应当强调的是，应付账款、应付票据等属于经营活动，不属于筹资活动。

一般来说，筹资活动产生的现金流入项目主要有：吸收投资所收到的现金；取得借款所收到的现金；收到其他与筹资活动有关的现金。筹资活动产生的现金流出项目主要有：偿还债务所支付的现金；分配股利、利润或偿付利息所支付的现金；支付的其他与筹资活动有关的现金。

此外，直接法下还列示了一项“汇率变动对现金及现金等价物的影响”，其是指企业的外币现金流量以及境外子公司的现金流量折算为人民币时，所采用的现金流量发生日的汇率或平均汇率折算的人民币金额与“现金及现金等价物净增加额”中外币现金净增加额按期末汇率折算的人民币金额之间的差额。

在具体编制现金流量表时，企业可根据业务量的大小及复杂程度，选择采用工作底稿法、T 形账户法或分析填列法等方法。工作底稿法是以工作底稿为手段，以利润表和资产负债表的数据为基础，结合有关科目的记录，对现金流量表的每一项目进行分析并编制调整分录，从而编制出现金流量表的一种方法。T 形账户法是以利润表和资产负债表为基础，结合有关科目的记录，对现金流量表的每一项目进行分析并编制调整分录，通过“T 形账户”编制出现金流量表的一种方法。分析填列法是直接根据资产负债表、利润表和有关会计科目明细账的记录，分析计算出现金流量表各项目的金额，并据以编制现金流量表的一种方法。

（八）所有者权益变动表

所有者权益变动表是一张反映企业在一定期间构成所有者权益的各组成部分增减变动情况的报表。该表是矩阵式结构，横行包括“本年金额”和“上年金额”两大栏，每一大栏下分设“实收资本”“资本公积”“其他综合收益”“盈余公积”“未分配利润”和“所有者权益合计”等项目。该表纵列至少应当单独列示下列项目的信息：

（1）会计政策变更和会计差错更正的累积影响数。

（2）综合收益总额。综合收益由两部分构成：①净利润；②其他综合收益。

（3）所有者投入和减少的资本。

（4）利润分配的情况。

（5）所有者权益内部结转的情况。

所有者权益变动表中的各项目应当根据当期净利润、其他综合收益、所有者投入资本和向所有者分配利润、提取盈余公积等情况分析填列。

所有者权益变动表符合会计全面收益改革的国际趋势，能更好地为资产负债表和利润表提供辅助信息，能更清晰地体现会计政策变更和前期差错更正对所有者权益的影响，可以清晰体现所有者权益各个项目的变动规模与趋势，反映公司净资产的实力，提供资本保值增值的重要信息。

第四部分 会计核算模拟资料

一、贵州新华管业有限公司20×7年11月30日有关科目余额

1. 总分类科目余额

表4.1 贵州新华管业有限公司20×7年11月30日总分类科目余额表

科目名称	借方余额	贷方余额
库存现金	13 478.52	
银行存款	3 527 856.88	
应收票据	2 200 000.00	
应收账款	8 986 543.00	
其他应收款	12 000.00	
应收利息		
坏账准备		58 000.00
原材料	648 300.00	
在途材料	76 500.00	
库存商品	825 250.00	
持有至到期投资	200 000.00	
固定资产	8 945 040.00	
累计折旧		1 699 053.69
无形资产	9 000 000.00	
累计摊销		525 000.00
短期借款		2 000 000.00
应付账款		2 440 344.00
应付职工薪酬		467 213.62
应交税费		189 064.20
应付利息		528 500.00
长期借款		6 000 000.00
实收资本		15 000 000.00
盈余公积		1 065 853.85

表4.1(续)

科目名称	借方余额	贷方余额
本年利润		3 250 471.90
利润分配		1 211 467.14
合计	34 434 968.40	34 434 968.40

2. 贵州新华管业有限公司20×7年11月30日明细分类科目余额表

(1) 日记账及三栏式明细账。

表4.2　　三栏式明细分类账科目余额表

总分类账户名称	明细分类账户名称	借方余额	贷方余额
库存现金		13 478.52	
银行存款	工行贵阳华莲路支行	3 527 856.88	
应收票据	银行承兑汇票	2 200 000.00	
应收账款	贵阳友谊机械厂	2 200 000.00	
应收账款	山东东海煤矿有限公司	2 186 543.00	
应收账款	贵州黔北精煤有限公司	4 600 000.00	
其他应收款	李军	12 000.00	
坏账准备	应收账款		58 000.00
在途材料	聚酯纤维（广州百隆）	76 500.00	
持有至到期投资	东方公司债券	200 000.00	
固定资产	房屋建筑物类	7 400 000.00	
固定资产	机器设备类	516 000.00	
固定资产	运输工具类	784 040.00	
固定资产	办公设备类	245 000.00	
累计折旧			1 699 053.69
无形资产	土地使用权	9 000 000.00	
累计摊销			525 000.00
短期借款	工行贵阳华莲路支行		2 000 000.00
应付账款	四川新利化工有限公司	663 156.00	
应付账款	广东百隆化工厂		211 500.00
应付账款	贵州胜利阻燃材料有限公司		2 460 000.00
应付账款	重庆高峰防水材料有限公司		302 400.00
应付账款	贵阳捷达石墨制品		129 600.00
应交税费	未交增值税		167 425.00
应交税费	应交教育费附加		5 022.75

表4.2(续)

总分类账户名称	明细分类账户名称	借方余额	贷方余额
应交税费	应交地方教育费附加		3 348.50
应交税费	应交城建税		11 719.75
应交税费	应交个人所得税		1 548.20
应交税费	应交所得税		0.00
应付利息	工行贵阳华莲路支行		528 500.00
长期借款	工行贵阳华莲路支行		6 000 000.00
实收资本	赵卫国		11 250 000.00
实收资本	刘晓霞		3 750 000.00
盈余公积	法定公积金		1 065 853.85
本年利润			3 250 471.90
利润分配	未分配利润		1 211 467.14

(2) 数量金额式明细账。

表 4.3　**数量金额式明细分类账科目余额表**

总分类账户	明细分类账户	单位	数量	单位成本	金额
原材料	不饱和树脂	千克	30 000	9.00	270 000.00
原材料	聚酯纤维	千克	18 000	2.50	45 000.00
原材料	氢氧化铝	千克	45 000	3.50	157 500.00
原材料	抗静电剂	千克	1 200	24.00	28 800.00
原材料	促进剂	千克	1 800	15.00	27 000.00
原材料	网格布	千克	18 000	3.50	63 000.00
原材料	碳粉	千克	1 500	20.00	30 000.00
原材料	固化剂	千克	1 800	15.00	27 000.00
库存商品	300mm 聚酯复合管	千克	69 500	8.06	560 170.00
库存商品	200mm 聚酯复合管	千克	37 600	7.05	265 080.00

(3) 多栏式明细账。

表 4.4　**多栏式明细分类科目余额表**

总分类账户名称	余额	明细分类账户名称及余额							
		工资奖金	福利费	社会保险费（单位缴纳）	社会保险费（个人缴纳）	住房公积金（单位缴纳）	住房公积金（个人缴纳）	工会经费	职工教育经费
应付职工薪酬	467 213.62	321 800.00		84 254.02		13 677.60		14 732.00	32 750.00

(4) 卡片式明细账（注：模拟实习中可选用卡片式，也可选用数量金额式）。

表 4.5　　固定资产明细资料表

名称	单位	数量	单位成本	总成本	使用年限	残值率	年折旧率	年折旧额	月折旧额	使用单位	交付使用时间
房屋建筑物类：											
办公楼	栋	1	1 600 000.00	1 600 000.00	20	5%	4.75%	76 000.00	6 333.33	厂部管理部门	20×4 年 12 月
车间 1 号厂房	栋	1	3 000 000.00	3 000 000.00	20	5%	4.75%	142 500.00	11 875.00	生产车间	20×4 年 12 月
车间 2 号厂房	栋	1	2 800 000.00	2 800 000.00	20	5%	4.75%	133 000.00	11 083.33	生产车间	20×4 年 12 月
机器设备类：											
搅拌罐	台	6	15 000.00	90 000.00	10	5%	9.5%	8 550.00	712.50	生产车间	20×4 年 12 月
缠绕机	台	2	50 000.00	100 000.00	10	5%	9.5%	9 500.00	791.67	生产车间	20×4 年 12 月
制管模具	台	2	50 000.00	36 000.00	3	5%	3.17%	11 400.00	950.00	生产车间	20×4 年 12 月
模管机	台	2	50 000.00	100 000.00	10	5%	9.5%	9 500.00	791.67	生产车间	20×4 年 12 月
拖膜机	台	2	50 000.00	100 000.00	10	5%	9.5%	9 500.00	791.67	生产车间	20×4 年 12 月
法兰盘模具	个	2	45 000.00	90 000.00	3	5%	3.17%	28 500.00	2 375.00	生产车间	20×4 年 12 月
办公用设备及家具类：											
电脑	台	15	3 000.00	45 000.00	3	0	33.33%	15 000.00	1 250.00	厂部管理部门	20×4 年 12 月
办公家具	批	1	200 000.00	200 000.00	8	0	11.5%	25 000.00	2 083.33	厂部管理部门	20×4 年 12 月
运输设备类：											
运输车辆	辆	2	134 020.00	268 040.00	6	5%	15.83%	42 439.67	3 536.64	厂部管理部门	20×5 年 3 月
大众轿车	辆	2	258 000.00	516 000.00	8	5%	11.88%	61 275.00	5 106.25	厂部管理部门	20×4 年 4 月

二、贵州新华管业有限公司20×7年12月发生的经济业务

1. 12月1日，签发现金支票从银行提取现金20 000. 00元备用。

2. 12月1日，从四川新利化工有限公司采购的材料已运到，验收入库。其中：不饱和树脂入库50 000千克，固化剂入库3 000千克，促进剂入库3 000千克。收到的增值税专用发票注明：不饱和树脂采购单价为9. 50元/千克，固化剂为15. 30元/千克，促进剂为15. 30元/千克，价款共计566 800. 00元，增值税96 356. 00元，货款已于11月28日支付。收到运输单位贵阳红星运输公司开来的增值税专用发票注明运费11 200. 00元，增值税1 232. 00元，款项通过网上银行进行支付。（采购费用按重量进行分配。）

3. 12月1日，车间生产产品领用原材料如表4. 6所示。

表4. 6　　贵州新华管业有限公司20×7年12月1日车间领用材料表

材料名称	单位	数量
不饱和树脂	千克	13 420
聚酯纤维	千克	8 050
氢氧化铝	千克	20 120
抗静电剂	千克	540
促进剂	千克	810
网格布	千克	8 050
碳粉	千克	540
固化剂	千克	810

4. 12月2日，收到贵阳友谊机械厂签发的工商银行转账支票一张，金额为587 000. 00元，办妥进账手续，款项已划至公司账户。

5. 12月2日，销售给贵州黔北精煤有限公司商品一批，其中规格为300mm的聚酯树脂纤维复合管7 800千克，规格为200mm的聚酯树脂纤维复合管9 680千克，不含税单价均为12. 00元/千克，开出增值税专用发票一张，货物已发出，货款计245 419. 20元尚未收到。代垫运杂费3 000. 00元，通过网上银行支付。

6. 12月2日，从公司开户银行购买支票一本，手续费25. 00元，工本费10. 00元，款项通过银行账户直接支付。

7. 12月2日，从贵州胜利阻燃材料有限公司采购材料氢氧化铝和抗静电剂，运到并验收入库。收到增值税专用发票注明氢氧化铝的采购单价为3. 60元/千克，数量为50 000千克，抗静电剂的采购单价为24. 20元/千克，数量为2 000千克，价款共计228 400. 00元，增值税38 828. 00元，货款尚未支付。

8. 12月3日，上月从广东百隆化工厂采购的材料聚酯纤维已运到，并验收入库。发票账单已于上月收到，注明的采购单价为2. 55元/千克，数量为30 000千克。收到运输单位贵阳红星运输公司开来的增值税专用发票注明运费3 000. 00元，增值税330. 00元，款项开出转账支票进行支付。

9. 12 月 3 日，以现金从贵阳新利文化用品店购买办公用品一批，金额 658. 00 元，交各职能部门使用。

10. 12 月 4 日，从重庆高峰防水材料有限公司采购材料网格布运到，验收入库。收到增值税专用发票注明网格布的采购单价为 3. 60 元/千克，数量为 30 000 千克，价款 108 000. 00 元，增值税 18 360. 00 元，货款计 126 360. 00 元尚未支付。

11. 12 月 5 日，车间生产产品领用原材料，如表 4. 7 所示。

表 4. 7　　贵州新华管业有限公司 20×7 年 12 月 5 日车间领用材料表

材料名称	单位	数量
不饱和树脂	千克	20 125
聚酯纤维	千克	12 080
氢氧化铝	千克	30 190
抗静电剂	千克	810
促进剂	千克	1 200
网格布	千克	12 080
碳粉	千克	810
固化剂	千克	1 210

12. 12 月 5 日，车间生产完工产品检验合格，验收入库。其中：300mm 聚酯树脂纤维复合管 24 960 千克，200mm 聚酯树脂纤维复合管 16 896 千克。

13. 12 月 6 日，销售人员李军出差归来报销差旅费 12 050. 00 元，原预借 12 000. 00 元，超出金额以现金支付。其中：机票 3 张，金额 5 746. 00 元；住宿费发票 2 张，金额 3 654. 00元，差旅费补助 2 650. 00 元。

14. 12 月 6 日，销售给贵阳友谊机械厂规格为 300mm 的聚酯树脂纤维复合管 9 780 千克，不含税单价为 12. 00 元/千克，开出增值税专用发票一张，货物已发出，货款计 137 311. 20元尚未收到。

15. 12 月 7 日，收到贵州黔北精煤有限公司通过网上银行划来货款 1 000 000. 00 元。

16. 12 月 8 日，完成 20×7 年 11 月份国税和地税的税收申报，并缴纳相关税金，其中：增值税 167 425. 00 元，教育费附加 5 022. 75 元，地方教育费附加 3 348. 50 元，城市维护建设税 11 719. 75 元，个人所得税 1 548. 20 元。

17. 12 月 8 日，车间主任王强预借差旅费 5 000. 00 元，开出现金支票支付。

18. 12 月 8 日，销售给山东东海煤矿有限公司规格为 200mm 的聚酯树脂纤维复合管 22 000 千克，不含税单价为 12. 00 元/千克，开出增值税专用发票一张，货物已发出，货款计 308 880. 00 元尚未收到。

19. 12 月 9 日，销售部人员刘大刚报销业务招待费 2 750 元，以现金支付。

20. 12 月 9 日，行政部人员江小芳报销本月公司电话费 785. 00 元，以现金支付。

21. 12 月 9 日，从贵阳四新科技公司购入电脑一台，采购价为 3 580. 00 元，收到的增值税专用发票注明价款为 3 059. 82 元，增值税 520. 18 元，开出转账支票支付货款。电脑已送至公司，验收合格供车间使用。

22. 12 月 10 日，根据行政人事部提供的工资结算表，交由开户行代发 11 月工资 267 206. 68 元。应发工资总额为 321 800. 00 元，其中：基础工资 273 552. 00 元，绩效奖励 39 248. 00 元，扣除由员工自行承担的社会保险费 30 090. 72 元，公积金 13 677. 60 元，个人所得税 1 825. 00 元，实发工资额为 267 206. 68 元。

23. 12 月 10 日，从贵州捷达石墨制品有限公司采购的碳粉到货，验收入库。收到的增值税专用发票注明的碳粉采购单价为 20. 50 元/千克，数量为 3 500 千克，价款共计 71 750. 00 元，增值税 12 197. 50 元，当即开出转账支票进行货款支付。

24. 12 月 11 日，从工商银行借入的流动资金借款 1 000 000. 00 元到期，归还借款本息共计 1 030 000. 00 元，银行已直接扣款，其中本月借款利息为 1 500. 00 元。

25. 12 月 11 日，开出转账支票支付车间设备维修费 15 000. 00 元给贵阳东升维修服务公司，收到增值税专用发票，价款 12 820. 51 元，增值税 2 179. 49 元。

26. 12 月 12 日，开出转账支票支付贵阳尚锐广告公司广告策划费 10 000. 00 元，收到增值税普通发票。

27. 12 月 12 日，从贵州胜利阻燃材料有限公司采购的材料氢氧化铝到货，验收入库。收到增值税专用发票注明：氢氧化铝的采购单价为 3. 60 元/千克，数量为 40 000 千克，价款 144 000. 00 元，增值税 24 480. 00 元，货款共计 168 480. 00 元尚未支付。

28. 12 月 12 日，车间生产产品领用原材料如表 4. 8 所示。

表 4. 8　　贵州新华管业有限公司 20×7 年 12 月 12 日车间领用材料表

材料名称	单位	数量
不饱和树脂	千克	20 125
聚酯纤维	千克	12 080
氢氧化铝	千克	30 190
抗静电剂	千克	810
促进剂	千克	1 200
网格布	千克	12 080
碳粉	千克	810
固化剂	千克	1 210

29. 12 月 12 日，车间生产完工产品检验合格，验收入库。其中：300mm 的聚酯树脂纤维复合管 37 440 千克，200mm 的聚酯树脂纤维复合管 25 344 千克。

30. 12 月 13 日，通过网上银行支付给四川新利化工有限公司采购款 405 054. 00 元。

31. 12 月 13 日，公司从广东华益佳有限公司购入缠绕机 2 台，价款 117 000. 00 元，收到增值税专用发票注明价款 100 000. 00 元，增值税 17 000. 00 元，设备已运到并办理验收手续，款项通过银行电汇支付。

32. 12 月 14 日，开出转账支票支付贵州大学对本公司员工培训的培训费20 000. 00元。

33. 12 月 14 日，收到山东东海煤矿有限公司通过网上银行支付的货款 2 000 000. 00 元。

34. 12 月 15 日，车间主任王强出差归来报销差旅费 4 600. 00 元，余款退回现金 400. 00 元。出差日期 12 月 9 日至 12 日，出差补助每天 200. 00 元，往返机票 1 张，金额 2 360. 00 元，住宿发票一张，金额 1 440. 00 元。

35. 12 月 15 日，从开户行工商银行借入流动资金借款 500 000. 00 元，已存入公司账户，该借款期限半年，于 2018 年 6 月 15 日到期，借款利率为 6%。

36. 12 月 16 日，从四川新利化工有限公司采购的材料已运到，验收入库，其中不饱和树脂入库 30 000 千克，固化剂入库 2 000 千克，促进剂入库 2 000 千克。收到的增值税专用发票注明不饱和树脂的采购单价为 9. 50 元/千克，固化剂为 15. 30 元/千克，促进剂为 15. 30 元/千克，价款共计 346 200. 00 元，增值税 58 854. 00 元，货款尚未支付。收到运输单位贵阳红星运输公司开来的增值税专用发票注明运费 6 800. 00 元，增值税 748. 00 元，款项开出转账支票进行支付。（采购费用按重量进行分配。）

37. 12 月 17 日，收到银行回单，缴纳本月社会保险金，共计 114 344. 74 元。缴纳的明细表如表 4. 9 所示。

表 4. 9　　贵州新华管业有限公司 20×7 年 12 月社会保险金缴纳表

保险项目	基础工资	单位缴纳比例	金额	个人缴纳比例	金额
养老	273 552. 00	20. 00%	54 710. 40	8. 00%	21 884. 16
失业	273 552. 00	2. 00%	5 471. 04	1. 00%	2 735. 52
医疗	273 552. 00	7. 50%	20 516. 40	2. 00%	5 471. 04
工伤	273 552. 00	0. 60%	1 641. 31		
生育	273 552. 00	0. 70%	1 914. 87		
合计			84 254. 02		30 090. 72

38. 12 月 17 日，开出转账支票向贵阳市欣欣残疾人服务中心捐赠 20 000. 00 元。

39. 12 月 18 日，从贵州胜利阻燃材料有限公司采购的材料氢氧化铝到货，验收入库。收到的增值税专用发票注明氢氧化铝的采购单价为 3. 60 元/千克，数量为 40 000 千克，抗静电剂的采购单价为 24. 20 元/千克，数量为 1 500 千克，价款共计180 300. 00元，增值税 30 651. 00 元，货款尚未支付。

40. 12 月 18 日，从重庆高峰防水材料有限公司采购的材料网格布运到，验收入库。收到增值税专用发票注明网格布的采购单价为 3. 60 元/千克，数量为 20 000 千克，价款共计 72 000. 00 元，增值税 12 240. 00 元，货款尚未支付。同时收到重庆鸿运运输公司开来的运费增值税普通发票，发票金额为 5 000. 00 元，款项由重庆高峰防水材料有限公司代垫。

41. 12 月 19 日，支付计算机维护服务费，收到贵阳四新电脑公司开来增值税专用发票一张，金额为 3 000. 00 元，增值税为 180. 00 元，通过网上银行划转付款。

42. 12 月 19 日，车间生产产品领用原材料如表 4. 10 所示。

表 4.10　　贵州新华管业有限公司 20×7 年 12 月 19 日车间领用材料表

材料名称	单位	数量
不饱和树脂	千克	20 125
聚酯纤维	千克	12 080
氢氧化铝	千克	30 190
抗静电剂	千克	810
促进剂	千克	1 200
网格布	千克	12 080
碳粉	千克	810
固化剂	千克	1 210

43. 12 月 19 日，车间生产完工产品检验合格，验收入库。其中：300mm 的聚酯树脂纤维复合管 37 442 千克，200mm 的聚酯树脂纤维复合管 25 342 千克。

44. 12 月 20 日，从广东百隆化工厂采购的材料聚酯纤维已运到，并验收入库。收到的增值税专用发票注明的采购单价为 2.55 元/千克，数量为 20 000 千克，价款计 51 000.00元，增值税 8 670.00 元。收到运输单位贵阳红星运输公司开来的增值税专用发票注明运费 4 000.00 元，增值税 440.00 元，货款及运费均通过网上银行进行支付。

45. 12 月 21 日，车间设备进行维修保养，开出转账支票支付给贵阳双林有限公司维修费 23 400.00 元，收到收款收据和增值税专用发票各一张。

46. 12 月 21 日，通过网上银行支付贵州胜利阻燃材料有限公司货款 3 000 000.00 元，贵阳捷达石墨制品有限公司货款 129 600.00 元。

47. 12 月 21 日，销售给贵州黔北精煤有限公司商品一批，其中规格为 300mm 的聚酯树脂纤维复合管 84 500 千克，规格为 200mm 的聚酯树脂纤维复合管 48 400 千克，不含税单价均为 12.00 元/千克，开出增值税专用发票一张，货物已发出，货款 1 865 916.00元尚未收到。

48. 12 月 21 日，收到银行业务回单，第四季度利息收入为 4 197.94 元。

49. 12 月 25 日，开出现金支票提取 30 000.00 元。

50. 12 月 25 日，销售人员李军出差预借差旅费 25 000.00 元，以现金支付。

51. 12 月 26 日，接到银行“同城特约委托收款”付款通知联，支付电费 181 520.00元，收到增值税专用发票。其中车间电表用量为 223 500 千瓦时，各职能部门用电量为 3 400 千瓦时。

52. 12 月 26 日，车间生产产品领用原材料如表 4.11 所示。

表 4.11　　贵州新华管业有限公司 20×7 年 12 月 26 日车间领用材料表

材料名称	单位	数量
不饱和树脂	千克	10 060
聚酯纤维	千克	6 040
氢氧化铝	千克	15 090
抗静电剂	千克	400

表4.11(续)

材料名称	单位	数量
促进剂	千克	600
网格布	千克	6 040
碳粉	千克	400
固化剂	千克	600

53.12 月 26 日，车间生产完工产品检验合格，验收入库。其中：300mm 的聚酯树脂纤维复合管 37 440 千克，200mm 的聚酯树脂纤维复合管 25 343 千克。

54.12 月 26 日，销售部刘宏报销招待就餐费用 3 580.00 元，以现金支付。

55.12 月 26 日，收到银行回单，缴纳本月住房公积金，共计 27 355.20 元。缴纳的明细表如表 4.12 所示。

表 4.12　　贵州新华管业有限公司 20×7 年 12 月住房公积金缴纳表

项目	基础工资	单位缴纳比例	金额	个人缴纳比例	金额
住房公积金	273 552.00	5.00%	13 677.60	5.00%	13 677.60

56.12 月 26 日，销售给山东东海煤矿有限公司商品一批，其中规格为 300mm 的聚酯树脂纤维复合管 97 500 千克，规格为 200mm 的聚酯树脂纤维复合管 44 000 千克，不含税单价均为 12.00 元/千克，开出增值税专用发票一张，货物已发出，款项 1 986 660.00 元尚未收到。

57.12 月 27 日，以现金发放员工元旦节过节费 13 900.00 元。其中：管理人员 15 人，每人 300 元，普通员工 42 人，每人 200 元，其中生产工人 32 人。

58.12 月 27 日，收到贵州黔北精煤有限公司通过网上银行支付的货款 2 800 000.00 元。

59.12 月 28 日，接到银行“同城特约委托收款”付款通知联，支付水费2 635.02元，其中车间水表用量为 677 吨，各职能部门用水量为 48 吨。

60.12 月 28 日，收到本月银行手续费回单，本月共发生手续费 265 元。

61.12 月 30 日，车间生产完工产品检验合格，验收入库。其中：300mm 的聚酯树脂纤维复合管 18 720 千克，200mm 的聚酯树脂纤维复合管 12 672 千克。

62.12 月 30 日，对仓库库存原材料和库存商品进行盘点，发现固化剂由于保管不善发生毁损 50 千克，报经批准由仓库保管员承担 500.00 元损失，其余损失计入公司管理费用。

63.12 月 30 日，计提本月固定资产折旧费。(该公司 11 月固定资产无增减变动。)

64.12 月 31 日，结算并分配 12 月职工薪酬费用。工资总计 311 951.53 元，其中：总经办工资 74 000.00 元，财务部工资 14 200.00 元，后勤管理部工资 20 500.00 元，销售部工资 19 000.00 元，供应部工资 15 000.00 元，行政人事部工资 9 500.00 元，安全生产部工资 10 000.00 元，技术质检部工资 10 000.00 元，车间管理人员工资 16 800.00元，生产工人工资 122 951.53 元。按工资总额的 20%、7.5%、2%、0.6%、0.7%计提单位应负担的养老保险、医疗保险、失业保险、工伤保险和生育保险，按工资总额的 5%计提单位应交的职工住房公积金，分别按工资总额的 2%和 1.5%计提工会经费和职工教育经费。

65. 12 月 31 日，分配本月制造费用。按生产的 300mm 规格和 200mm 规格产品的产量比例进行分配。

66. 12 月 31 日，计算结转完工产品成本。（按产品产量为标准进行成本分配。）

67. 12 月 31 日，计算结转本月销售产品成本。（采用全月一次加权平均法。）

68. 12 月 31 日，计算债券投资本年利息收益。（2015 年 7 月 1 日购入 3 年东方公司企业债券 200 000 元，准备持有至到期，年利率 6%，半年付息一次，付息日分别为 1 月 3 日和 7 月 3 日。）

69. 12 月 31 日，摊销无形资产（土地使用权）价值。

70. 12 月 31 日，计算结转本月应交未交增值税。

71. 12 月 31 日，计算本月应交城建税、教育费附加和地方教育费附加。

72. 12 月 31 日，计提本年坏账准备。应收账款中，应收山东东海煤矿有限公司的账款 263 500. 00 元为账龄一年以上的账款，其余账款均为账龄一年以内的账款。

73. 12 月 31 日，收到银行回单支付本季度流动资金借款利息和本年度长期借款利息。计提本月借款利息。短期借款利率均为 6%，长期借款率为 9%。

74. 12 月 31 日，结转本月各损益类科目的发生额。

75. 12 月 31 日，计算并结转本季度所得税（1—9 月累计已计交所得税 742 584. 00 元，1—11 月累计实现利润总额 3 993 055. 90 元）。

76. 12 月 31 日，按净利润 10%计提法定盈余公积。

77. 12 月 31 日，进行年终结账，结转“本年利润”和“利润分配”各明细账户余额。

三、实习操作要求

1. 建账业务

根据贵州新华管业有限公司会计核算要求，建立公司会计账簿，包括日记账簿、明细账簿和总分类账簿，在账簿中开设有关账户。其中：日记账簿采用订本式账簿形式及三栏式账页格式；明细账簿可根据选用活页式账簿和卡片式账簿，账页可根据账户不同选用三栏式、数量金额式、多栏式等账页格式；总分类账簿可选用订本式和活页式账簿形式，账页采用三栏式账页格式。

2. 记账凭证编制

根据日常经济业务事项（包括月末成本计算、期末账项调整、结账业务），审核原始凭证，编制记账凭证。

3. 会计账簿登记

根据原始凭证、记账凭证登记相关日记账户和明细分类账户；编制科目汇总表，并据此登记总分类账簿。

4. 月末、年末结账处理

经对账无误后，结算所有账户本期发生额及期末余额，进行年终结账。

5. 编制会计报表

根据有关资料编制年末“资产负债表”，编制 12 月份“利润表”，编制 12 月份“现金流量表”。

四、贵州新华管业有限公司 20×7 年 12 月发生的经济业务的原始凭证

中国工商银行 现金支票存根 40205210 04826475 附加信息 出票日期 年 月 日 收款人： 金额： 用地： 单位主管 会计	付款期限自出票之日起十天	**中国工商银行 现金支票** 04826475 40205210 出票日期（大写） 年 月 日 04826475 收款人： 付款行名称： 出票人账号： 人民币（大写） 亿 千 百 十 万 千 百 十 元 角 分 用途________ 密码________ 上列款项请从 我账户内支付 出票人签章 复核 记账

图 4.1 现金支票

四川增值税专用发票 No. 25389655 5100××××××

全国统一发票监制章 四川 国家税务总局监制

5100×××××× 25389655

开票日期：20×7 年 12 月 01 日

购买方	名 称：贵州新华管业有限公司 纳税人识别号：9152010261905891C 地 址 、电 话：贵阳市华莲路 98 号 0851-85942700 开户行及账号：中国工商银行贵阳华莲路支行 13200017961608				密码区			
货物或应税劳务、服务名称	规格型号	单位	数量	单价	金额	税率	税额	
不饱和树脂		千克	50 000	9.50	475 000.00	17%	80 750.00	
固化剂		千克	3 000	15.30	45 900.00	17%	7 803.00	
促进剂		千克	3 000	15.30	45 900.00	17%	7 803.00	
合计					¥566 800.00		¥96 356.00	
价税合计（大写）	⊗陆拾陆万叁仟壹佰伍拾陆元零角零分				（小写）¥663 156.00			
销售方	名 称：四川新利化工有限公司 纳税人识别号：2685379213562557D 地 址 、电 话：四川省成都市锦江路 322 号 024-83752064 开户行及账号：中国工商银行成都锦江路支行 26300012532579				备注			

第二联：发票联 购货方记账凭证

收款人：王政 复核：刘霞 开票人：蔡鸿兴 销售方：（章）

图 4.2 增值税专用发票

贵州增值税专用发票　　No. 38389654　5200××××××

5200××××××　　35389758

开票日期：20×7年12月01日

购买方	名　称：贵州新华管业有限公司 纳税人识别号：915201026190589IC 地 址 、电 话：贵阳市华莲路98号　0851-85942700 开户行及账号：中国工商银行贵阳华莲路支行 13200017961608				密码区		
货物或应税劳务、服务名称	规格型号	单位	数量	单价	金额	税率	税额
运费					11 200.00	11%	1 232.00
合计					¥11 200.00		¥1 232.00
价税合计（大写）	⊗壹万贰仟肆佰叁拾贰元整				（小写）¥12 432.00		
销售方	名　称：贵阳红星运输公司 纳税人识别号：693246512587953C 地 址 、电 话：贵阳市红星路138号 0851-88374324 开户行及账号：建行贵阳市红星路支行 4689230512467234091				备注		

收款人：付江　　复核：孙晓福　　开票人：姜礼庆　　销售方：（章）

第二联：发票联　购货方记账凭证

图4.3　增值税专用发票

表4.13　贵州新华管业有限公司材料入库单

供货单位：四川新利化工有限公司

20×7年12月01日　　编号：20×71201

材料名称	规格	单位	数量		单价	金额	金额合计	备注
			应收	实收				
不饱和树脂		千克	50 000	50 000	9.70	485 000.00	485 000.00	
固化剂		千克	3 000	3 000	15.50	46 500.00	46 500.00	
促进剂		千克	3 000	3 000	15.50	46 500.00	46 500.00	
合计							¥578 000.00	

财务主管：刘晓莉　　仓库保管：杨彪　　采购员：王利红　　材料会计：张楠

中国工商银行　网上银行电子回单

电子回单号码：0013-××××××××　　　　打印日期：20×7 年 12 月 01 日

付款人	户　名	贵州新华管业有限公司	收款人	户　名	贵阳红星运输公司
	账　号	13200017961608		账　号	4689230512467234091
	开户银行	贵阳华莲路支行		开户银行	建行贵阳市红星路支行
金　额	人民币（大写）：壹万贰仟肆佰叁拾贰元整　¥11 200.00 元				
摘　要		业务（产品）种类		跨行发报	
用　途	支付运费				
交易流水号	8200375	时间戳		20×7-12-01-09.13.10.419456	
中国工商银行 电子回单 专用章	备注：				
	验证码：×fbgerRI1+7D++krck				
记账网点	0185	记账柜员	03456	记账日期	20×7 年 12 月 01 日

重要提示：1. 如果您是收款方，请到工行网站 www. icbc. com. cn 电子回单验证处进行回单验证。2. 本回单不作为收款方发货依据，并请勿重复记账。3. 您可以选择发送邮件，将此电子回单发送给指定的接收人。

图 4.4　网上银行电子回单

表 4.14　　贵州新华管业有限公司领料单

领料单位：基本生产车间　　20×7 年 12 月 01 日　　编号：20×71201

材料名称及规格	用途	计量单位	数量	
			请领	实领
不饱和树脂	生产产品	千克	13 420	13 420
聚酯纤维	生产产品	千克	8 050	8 050
氢氧化铝	生产产品	千克	20 120	20 120
抗静电剂	生产产品	千克	540	540
促进剂	生产产品	千克	810	810
网格布	生产产品	千克	8 050	8 050
碳粉	生产产品	千克	540	540
固化剂	生产产品	千克	810	810
合计				

领料部门负责人：刘俊峰　　记账：张楠　　发料人：杨彪　　领料人：雷洪武

中国工商银行**进账单**（回单） 2

20×7 年 12 月 02 日

<table>
<tr><td rowspan="3">出票人</td><td>全称</td><td>贵阳友谊机械厂</td><td rowspan="3">收款人</td><td>全称</td><td colspan="11">贵州新华管业有限公司</td></tr>
<tr><td>账号</td><td>6372427102860012696</td><td>账号</td><td colspan="11">13200017961608</td></tr>
<tr><td>开户银行</td><td>贵阳银行北京路支行</td><td>开户银行</td><td colspan="11">中国工商银行贵阳华莲路支行</td></tr>
<tr><td rowspan="2">金额</td><td colspan="4" rowspan="2">人民币
（大写）伍拾捌万柒仟元整</td><td>亿</td><td>千</td><td>百</td><td>十</td><td>万</td><td>千</td><td>百</td><td>十</td><td>元</td><td>角</td><td>分</td></tr>
<tr><td></td><td></td><td>¥</td><td>5</td><td>8</td><td>7</td><td>0</td><td>0</td><td>0</td><td>0</td><td>0</td></tr>
<tr><td colspan="2">票据种类</td><td>转账支票 票据张数 1</td><td colspan="13" rowspan="3">复核：　记账：</td></tr>
<tr><td colspan="2">票据号码</td><td></td></tr>
<tr><td colspan="3">备注：</td></tr>
</table>

此联是开户银行交给持票人的回单

图 4.5 银行进账单

贵州增值税专用发票　　No. 28389546　5200××××××

全国统一发票监制章 贵州 国家税务总局监制

5200××××××　　65548329

开票日期：20×7 年 12 月 02 日

<table>
<tr><td>购买方</td><td colspan="5">名　　称：贵州黔北精煤有限公司
纳税人识别号：6235791634752236B
地 址 、电 话：贵州省六盘水市东风路 32 号 0858-57326498
开户行及账号：中国工商银行六盘水市黔江路支行 3562417302893321365</td><td>密码区</td><td colspan="2"></td></tr>
<tr><td colspan="2">货物或应税劳务、服务名称</td><td>规格型号</td><td>单位</td><td>数量</td><td>单价</td><td>金额</td><td>税率</td><td>税额</td></tr>
<tr><td colspan="2">聚酯树脂纤维复合管</td><td>300mm</td><td>千克</td><td>7 800</td><td>12.00</td><td>93 600.00</td><td>17%</td><td>15 912.00</td></tr>
<tr><td colspan="2">聚酯树脂纤维复合管</td><td>200mm</td><td>千克</td><td>9 680</td><td>12.00</td><td>116 160.00</td><td>17%</td><td>19 747.20</td></tr>
<tr><td colspan="2">合计</td><td></td><td></td><td></td><td></td><td>¥209 760.00</td><td></td><td>¥35 659.20</td></tr>
<tr><td colspan="2">价税合计（大写）</td><td colspan="7">⊗贰拾肆万伍仟肆佰壹拾玖元贰角整　　（小写）¥245 419.20</td></tr>
<tr><td>销售方</td><td colspan="6">名　　称：贵州新华管业有限公司
纳税人识别号：9152010261905891C
地 址 、电 话：贵阳市华莲路 98 号　0851-85942700
开户行及账号：中国工商银行贵阳华莲路支行 13200017961608</td><td>备注</td><td></td></tr>
</table>

第二联：发票联 购货方记账凭证

收款人：李红　　复核：王颖　　开票人：宋俊梅　　销售方：（章）

图 4.6 增值税专用发票

中国工商银行　网上银行电子回单

电子回单号码：0013-××××××××　　　　打印日期：20×7 年 12 月 02 日

<table>
<tr><td rowspan="3">付款人</td><td>户　名</td><td>贵州新华管业有限公司</td><td rowspan="3">收款人</td><td>户　名</td><td colspan="2">贵阳红星运输公司</td></tr>
<tr><td>账　号</td><td>13200017961608</td><td>账　号</td><td colspan="2">4689230512467234091</td></tr>
<tr><td>开户银行</td><td>贵阳华莲路支行</td><td>开户银行</td><td colspan="2">建行贵阳市红星路支行</td></tr>
<tr><td colspan="2">金　额</td><td colspan="5">人民币（大写）：叁仟元整　¥3 000.00 元</td></tr>
<tr><td colspan="2">摘　要</td><td></td><td colspan="2">业务（产品）种类</td><td colspan="2">跨行发报</td></tr>
<tr><td colspan="2">用　途</td><td colspan="5">代垫运杂费</td></tr>
<tr><td colspan="2">交易流水号</td><td>8200458</td><td colspan="2">时间戳</td><td colspan="2">20×7-12-02-15.13.10.419791</td></tr>
<tr><td colspan="2" rowspan="2">中国工商银行 电子回单 专用章</td><td colspan="5">备注：</td></tr>
<tr><td colspan="5">验证码：×fbgprRI1+9R++krcp</td></tr>
<tr><td colspan="2">记账网点</td><td>0185</td><td>记账柜员</td><td>04726</td><td>记账日期</td><td>20×7 年 12 月 02 日</td></tr>
</table>

重要提示：1. 如果您是收款方，请到工行网站 www. icbc. com. cn 电子回单验证处进行回单验证。2. 本回单不作为收款方发货依据，并请勿重复记账。3. 您可以选择发送邮件，将此电子回单发送给指定的接收人。

图 4.7　网上银行电子回单

表 4.15　　贵州新华管业有限公司产成品出库单

购货单位：贵州黔北精煤有限公司　　　　编号：20×71201

业务员：周峰　　　　20×7 年 12 月 02 日　　　　仓库：产成品仓库

品种	规格	计量单位	实发数量	备注
聚酯树脂纤维复合管	300mm	千克	7 800	
聚酯树脂纤维复合管	200mm	千克	9 680	
合计				代垫运杂费 3 000 元

销售负责人：刘彩虹　　　　仓库保管：杨彪　　　　会计：张楠

ICBC　　中国工商银行

日期：20×7 年 12 月 02 日

工本费付费户名：贵州新华管业有限公司

工本费付费账号：13200017961608

手续费付费户名：贵州新华管业有限公司

手续费付费账号：13200017961608　　　　使用凭证账号：13200017961608

服务项目(凭证种类)	凭证号段 1：	凭证号段 2：	凭证号段 3：	工本费：	手续费：	金额小计：
现金支票	06165151-06165175			10.00	25.00	35.00

地区号：02402　网点号：0185　操作柜员：04726　　授权柜员：　　　交易时间：13：41：1

图 4.8　中国工商银行业务回单

贵州增值税专用发票　　　No. 85389659　5200××××××

全国统一发票监制章 贵州 国家税务总局监制

5200××××××　　　　　　　　　　　　　　　95387651

开票日期：20×7 年 12 月 01 日

购买方	名　　称：贵州新华管业有限公司 纳税人识别号：9152010261905891C 地 址 、电 话：贵阳市华莲路 98 号　0851-85942700 开户行及账号：中国工商银行贵阳华莲路支行 13200017961608	密码区					
货物或应税劳务、服务名称	规格型号	单位	数量	单价	金额	税率	税额
氢氧化铝		千克	50 000	3.60	180 000.00	17%	30 600.00
抗静电剂		千克	2 000	24.20	48 400.00	17%	8 228.00
合计					￥228 400.00		￥38 828.00
价税合计（大写）	⊗贰拾陆万柒仟贰佰贰拾捌元整				（小写）￥267 228.00		
销售方	名　　称：贵州胜利阻燃材料有限公司 纳税人识别号：9536524751103983C 地 址 、电 话：贵阳市开阳县东风路 478 号 0851-27884569 开户行及账号：中国建设银行贵阳市东风支行　5643429602360311986				备注		

收款人：卢艳　　　复核：宋冬香　　　开票人：谢俊海　　　销售方：（章）

第二联：发票联　购货方记账凭证

图 4.9　增值税专用发票

表 4.16 贵州新华管业有限公司材料入库单

供货单位：贵州胜利阻燃材料有限公司

20×7 年 12 月 02 日 编号：20×71202

材料名称	规格	单位	数量		单价	金额	金额合计	备注
			应收	实收				
氢氧化铝		千克	50 000	50 000	3.60	180 000.00	180 000.00	
抗静电剂		千克	2 000	2 000	24.20	48 400.00	48 400.00	
合计							¥228 400.00	

财务主管：刘晓莉 仓库保管：杨彪 采购员：王利红 材料会计：张楠

贵州增值税专用发票 No. 38389654 5200××××××

全国统一发票监制章 贵州 国家税务总局监制

5200×××××× 35389760

开票日期：20×7 年 12 月 03 日

购买方	名 称：贵州新华管业有限公司 纳税人识别号：915201026190589lC 地 址 、电 话：贵阳市华莲路 98 号 0851-85942700 开户行及账号：中国工商银行贵阳华莲路支行 13200017961608	密码区					
货物或应税劳务、服务名称	规格型号	单位	数量	单价	金额	税率	税额
运费					3 000.00	11%	330.00
合计					¥3 000.00		¥330.00
价税合计（大写）	⊗叁仟叁佰叁拾元整				（小写）¥3 330.00		
销售方	名 称：贵阳红星运输公司 纳税人识别号：693246512587953C 地 址 、电 话：贵阳市红星路 138 号 0851-88374324 开户行及账号：建行贵阳市红星路支行 4689230512467234091	备注					

第二联：发票联 购货方记账凭证

收款人：付江 复核：孙晓福 开票人：姜礼庆 销售方：（章）

图 4.10 增值税专用发票

表 4. 17　　贵州新华管业有限公司材料入库单

供货单位：广东百隆化工厂

20×7 年 12 月 03 日　　编号：20×71203

材料名称	规格	单位	数量		单价	金额	金额合计	备注
			应收	实收				
聚酯纤维		千克	30 000	30 000	2. 65	79 500. 00	79 500. 00	
合计							¥79 500. 00	

财务主管：刘晓莉　　仓库保管：杨彪　　采购员：王利红　　材料会计：张楠

中国工商银行 转账支票存根 30206240 06165151 附加信息 出票日期　年　月　日 收款人： 金额： 用地： 单位主管　会计	付款期限自出票之日起十天	中国工商银行　转账支票　06165151　30206240 出票日期（大写）　年　月　日　06165151 收款人：　付款行名称： 出票人账号： 人民币（大写）　亿 千 百 十 万 千 百 十 元 角 分 用途＿＿＿＿　密码＿＿＿＿ 上列款项请从 我账户内支付 出票人签章　复核　记账

图 4. 11　转账支票

贵州增值税专用发票　　No. 85389659　5200××××××

（全国统一发票监制章 贵州 国家税务总局监制）

5200××××××　　45379562

开票日期：20×7 年 12 月 03 日

<table>
<tr><td>购买方</td><td colspan="5">名　　称：贵州新华管业有限公司
纳税人识别号：915201026190589１C
地 址 、电 话：贵阳市华莲路 98 号　0851-85942700
开户行及账号：中国工商银行贵阳华莲路支行 1320001796160８</td><td>密码区</td><td colspan="2"></td></tr>
<tr><td colspan="2">货物或应税劳务、服务名称</td><td>规格型号</td><td>单位</td><td>数量</td><td>单价</td><td>金额</td><td>税率</td><td>税额</td></tr>
<tr><td colspan="2">复印纸</td><td>A4</td><td>箱</td><td>7</td><td>91.28</td><td>639.00</td><td>3%</td><td>19.00</td></tr>
<tr><td colspan="2">合计</td><td></td><td></td><td></td><td></td><td>¥639.00</td><td></td><td>¥19.00</td></tr>
<tr><td colspan="2">价税合计（大写）</td><td colspan="7">⊗陆佰伍拾捌元整　　（小写）¥658.00</td></tr>
<tr><td>销售方</td><td colspan="5">名　　称：贵阳新利文化用品店
纳税人识别号：7585641236941357D
地 址 、电 话：贵阳市延安路 26 号 0851-76923345
开户行及账号：建行贵阳市延安路支行 4689230512467368479</td><td>备注</td><td colspan="2"></td></tr>
</table>

收款人：李丽　　复核：宋会　　开票人：张瑛　　销售方：（章）

第二联：发票联　购货方记账凭证

图 4.12　增值税专用发票

表 4.18　**贵州新华管业有限公司办公用品领用单**

领用时间：20×7 年 12 月 03 日

领用部门	物品名称	单位	数量	单价	金额	领用人
行政管理部门	复印纸	箱	4	94.00	376.00	刘 钢
财务部	复印纸	箱	3	94.00	282.00	李 红
合计					658.00	

重庆增值税专用发票　　No. 35387567　5000××××××

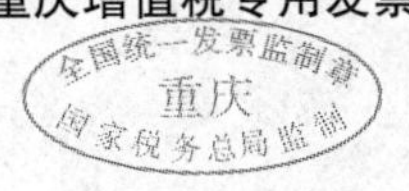

5000××××××　　25389655

开票日期：20×7 年 12 月 04 日

购买方	名　　称：贵州新华管业有限公司 纳税人识别号：915201026190589lC 地 址 、电 话：贵阳市华莲路 98 号　0851-85942700 开户行及账号：中国工商银行贵阳华莲路支行 13200017961608					密码区		
货物或应税劳务、服务名称	规格型号	单位	数量	单价	金额	税率	税额	
网格布		千克	30 000	3.60	108 000.00	17%	18 360.00	
合计					¥108 000.00		¥18 360.00	
价税合计（大写）	⊗壹拾贰万陆仟叁佰陆拾元整				（小写）¥126 360.00			
销售方	名　　称：重庆高峰防水材料有限公司 纳税人识别号：3651234861006852E 地 址 、电 话：重庆市建设路 326 号　023-59304782 开户行及账号：中国工商银行重庆市建设路支行　752103652311852					备注		

收款人：周丹丹　　复核：董海　　开票人：陈玲玲　　销售方：（章）

第二联：发票联　购货方记账凭证

图 4.13　增值税专用发票

表 4.19　**贵州新华管业有限公司材料入库单**

供货单位：重庆高峰防水材料有限公司

20×7 年 12 月 04 日　　编号：20×71204

材料名称	规格	单位	数量		单价	金额	金额合计	备注
			应收	实收				
网格布		千克	30 000	30 000	3.60	108 000.00	108 000.00	
合计							¥108 000.00	

财务主管：刘晓莉　　仓库保管：杨彪　　采购员：王利红　　材料会计：张楠

表 4.20　　贵州新华管业有限公司领料单

领料单位：基本生产车间　　20×7 年 12 月 05 日　　编号：20×71202

材料名称及规格	用途	计量单位	数量	
			请领	实领
不饱和树脂	生产产品	千克	20 125	20 125
聚酯纤维	生产产品	千克	12 080	12 080
氢氧化铝	生产产品	千克	30 190	30 190
抗静电剂	生产产品	千克	810	810
促进剂	生产产品	千克	1 200	1 200
网格布	生产产品	千克	12 080	12 080
碳粉	生产产品	千克	810	810
固化剂	生产产品	千克	1 210	1 210
合计				

领料部门负责人：刘俊峰　　记账：张楠　　发料人：杨彪　　领料人：雷洪武

表 4.21　　贵州新华管业有限公司产成品入库单

仓库名称：产成品仓库

20×7 年 12 月 05 日　　编号：20×71201

品种	规格	计量单位	数量		送验单位
			送验	实收	
聚酯树脂纤维复合管	300mm	千克	24 960	24 960	基本生产车间
聚酯树脂纤维复合管	200mm	千克	16 896	16 896	基本生产车间
合计			41 856	41 856	

车间负责人：张红霞　　仓库保管：杨彪　　会计：张楠

表 4.22　　　　贵州新华管业有限公司差旅费报销单

部门：　　　　　　　　　　　　　年　月　日

出差人员：		共　人	事由：	自　月　日起 至　月　日止	共　天
费用项目	票据及张数		金额	合计金额	
合计					
借款金额		退补金额	退补方式	领导意见	

单位主管：　　　　部门负责人：　　　　复核：　　　　报销人：

贵州增值税专用发票　　No. 28389546　5200××××××

全国统一发票监制章 贵州 国家税务总局监制

5200××××××　　　　65548330

开票日期：20×7 年 12 月 06 日

购买方	名　　称：贵州黔北精煤有限公司 纳税人识别号：6235791634752236B 地 址 、电 话：贵州省六盘水市东风路 32 号　0858-57326498 开户行及账号：中国工商银行六盘水市黔江路支行　3562417302893321365	密码区					
货物或应税劳务、服务名称	规格型号	单位	数量	单价	金额	税率	税额
聚酯树脂纤维复合管	300mm	千克	7 800	12.00	93 600.00	17%	15 912.00
聚酯树脂纤维复合管	200mm	千克	9 680	12.00	116 160.00	17%	19 747.20
合计					¥209 760.00		¥35 659.20
价税合计（大写）	⊗拾叁万柒仟叁佰壹拾壹元贰角整				（小写）¥137 311.20		
销售方	名　　称：贵州新华管业有限公司 纳税人识别号：915201026190589 1C 地 址 、电 话：贵阳市华莲路 98 号　0851-85942700 开户行及账号：中国工商银行贵阳华莲路支行 13200017961608	备注					

收款人：李红　　　复核：王颖　　　开票人：宋俊梅　　　销售方：（章）

图 4.14　增值税专用发票

表 4.23　　贵州新华管业有限公司产成品出库单

购货单位：贵阳友谊机械厂　　编号：20×71202

业务员：周峰　　20×7 年 12 月 06 日　　仓库：产成品仓库

品种	规格	计量单位	实发数量	备注
聚酯树脂纤维复合管	300mm	千克	9 780	
合计				

销售负责人：刘彩虹　　仓库保管：杨彪　　会计：张楠

中国工商银行　网上银行电子回单

电子回单号码：0013-××××××××　　打印日期：20×7 年 12 月 07 日

<table>
<tr><td rowspan="3">付款人</td><td>户　名</td><td>贵州黔北精煤有限公司</td><td rowspan="3">收款人</td><td>户　名</td><td colspan="2">贵州新华管业有限公司</td></tr>
<tr><td>账　号</td><td>3562417302893321365</td><td>账　号</td><td colspan="2">13200017961608</td></tr>
<tr><td>开户银行</td><td>工商银行六盘水黔江支行</td><td>开户银行</td><td colspan="2">工商银行贵阳华莲路支行</td></tr>
<tr><td colspan="2">金　额</td><td colspan="5">人民币（大写）：壹佰万元整　￥1 000 000.00 元</td></tr>
<tr><td colspan="2">摘　要</td><td></td><td colspan="2">业务（产品）种类</td><td colspan="2">跨行发报</td></tr>
<tr><td colspan="2">用　途</td><td colspan="5">货款</td></tr>
<tr><td colspan="2">交易流水号</td><td>8200458</td><td colspan="2">时间戳</td><td colspan="2">20×7-12-07-15.13.11.519792</td></tr>
<tr><td colspan="2" rowspan="2">中国工商银行 电子回单 专用章</td><td colspan="5">备注：</td></tr>
<tr><td colspan="5">验证码：cfbgprRI1+9R++krcy</td></tr>
<tr><td colspan="2">记账网点</td><td>0185</td><td>记账柜员</td><td>04726</td><td>记账日期</td><td>20×7 年 12 月 07 日</td></tr>
</table>

重要提示：1. 如果您是收款方，请到工行网站 www. icbc. com. cn 电子回单验证处进行回单验证。2. 本回单不作为收款方发货依据，并请勿重复记账。3. 您可以选择发送邮件，将此电子回单发送给指定的接收人。

图 4.15　网上银行电子回单

表 4.24

税（费）通用申请表

纳税人识别号：915201026190589 1C　　纳税人名称：贵州新华管业有限公司

征收项目	征收品目	征收子目	税（费）款所属期起	税（费）款所属期止	收入总额或总数量（原值、面积、缴费基数等）	减除项	应税所得率	计税（费）依据	税（费）率或单位税额	速算扣除数	本期应纳税（费）额	减免性质
增值税			20×7-11-01	20×7-11-30							167 425.00	
教育费附加			20×7-11-01	20×7-11-30							5 022.75	
地方教育费附加			20×7-11-01	20×7-11-30							3 348.50	
合计											175 796.25	

表 4.25

税（费）通用申请表

纳税人识别号：9152010261905891C　　纳税人名称：贵州新华管业有限公司

征收项目	征收品目	征收子目	税（费）款所属期起	税（费）款所属期止	收入总额或总数量（原值、面积、缴费基数等）	减除项	应税所得率	计税（费）依据	税（费）率或单位税额	速算扣除数	本期应纳税（费）额	减免性质
城建税			20×7-11-01	20×7-11-30							11 719.75	
个人所得税			20×7-11-01	20×7-11-30							1 548.20	
合计											13 267.95	

表 4.26 贵州新华管业有限公司借款单

年 月 日

<table>
<tr><td rowspan="2">借款部门</td><td rowspan="2"></td><td rowspan="2">借款人</td><td rowspan="2"></td><td rowspan="2">职务</td><td rowspan="2"></td><td>出差原因</td><td></td></tr>
<tr><td>出差地点</td><td></td></tr>
<tr><td>借款事由</td><td></td><td>借款金额</td><td colspan="5">（大写）
（小写）￥</td></tr>
<tr><td>借款人签章</td><td></td><td>部门负责人</td><td></td><td>付款方式</td><td colspan="3"></td></tr>
<tr><td>财务负责人</td><td></td><td>公司负责人审批意见</td><td></td><td></td><td colspan="3"></td></tr>
</table>

中国工商银行
现金支票存根
40205210
04826476

附加信息

出票日期 年 月 日

收款人：

金额：

用地：

单位主管 会计

付款期限自出票之日起十天

中国工商银行 现金支票 04826476 40205210

出票日期（大写） 年 月 日 04826476

收款人： 付款行名称：

出票人账号：

人民币（大写）	亿	千	百	十	万	千	百	十	元	角	分

用途________ 密码________

上列款项请从

我账户内支付

出票人签章 复核 记账

图 4.16 现金支票

贵州增值税专用发票　　　　No. 28389546　5200××××××

5200××××××　　　　65548331

开票日期：20×7 年 12 月 08 日

购买方	名　　称：山东东海煤矿有限公司 纳税人识别号：8546239172568379B 地 址 、电 话：山东省济宁市解放路 33 号　0573-8354263 开户行及账号：工行山东济宁解放支行 2649325846927665036	密码区	

货物或应税劳务、服务名称	规格型号	单位	数量	单价	金额	税率	税额
聚酯树脂纤维复合管	200mm	千克	22 000	12.00	264 000.00	17%	44 880.00
合计					¥264 000.00		¥44 880.00
价税合计（大写）	⊗叁拾万零捌仟捌佰捌拾元整				（小写）¥308 880.00		

销售方	名　　称：贵州新华管业有限公司 纳税人识别号：915201026190589 1C 地 址 、电 话：贵阳市华莲路 98 号　0851-85942700 开户行及账号：中国工商银行贵阳华莲路支行 13200017961608	备注	

收款人：李红　　复核：王颖　　开票人：宋俊梅　　销售方：（章）

第二联：发票联　购货方记账凭证

图 4.17　增值税专用发票

表 4.27　　**贵州新华管业有限公司产成品出库单**

购货单位：山东东海煤矿有限公司　　　　编号：20×71203

业务员：周峰　　20×7 年 12 月 08 日　　仓库：产成品仓库

品种	规格	计量单位	实发数量	备注
聚酯树脂纤维复合管	200mm	千克	22 000	
合计				

销售负责人：刘彩虹　　仓库保管：杨彪　　会计：张楠

贵州增值税专用发票 No. 58389547 5200××××××

全国统一发票监制章 贵州 国家税务总局监制

5200×××××× 7554830

开票日期：20×7 年 12 月 09 日

<table>
<tr><td rowspan="4">购买方</td><td colspan="5">名 称：贵州新华管业有限公司</td><td rowspan="4">密码区</td><td colspan="2" rowspan="4"></td></tr>
<tr><td colspan="5">纳税人识别号：9152010261905891C</td></tr>
<tr><td colspan="5">地 址 、电 话：贵阳市华莲路 98 号 0851-85942700</td></tr>
<tr><td colspan="5">开户行及账号：中国工商银行贵阳华莲路支行 13200017961608</td></tr>
<tr><td colspan="2">货物或应税劳务、服务名称</td><td>规格型号</td><td>单位</td><td>数量</td><td>单价</td><td>金额</td><td>税率</td><td>税额</td></tr>
<tr><td colspan="2">餐饮费</td><td></td><td></td><td></td><td></td><td>2 670. 00</td><td>3%</td><td>80. 00</td></tr>
<tr><td colspan="2">合计</td><td></td><td></td><td></td><td></td><td>¥2 670. 00</td><td></td><td>¥80. 00</td></tr>
<tr><td colspan="2">价税合计（大写）</td><td colspan="7">⊗贰仟柒佰伍拾元整 （小写）¥2 750. 00</td></tr>
<tr><td rowspan="4">销售方</td><td colspan="6">名 称：贵阳雅信餐饮公司</td><td rowspan="4">备注</td><td rowspan="4"></td></tr>
<tr><td colspan="6">纳税人识别号：5478596535672156D</td></tr>
<tr><td colspan="6">地 址 、电 话：贵阳市北京路 17 号 0851-83330666</td></tr>
<tr><td colspan="6">开户行及账号：中国建设银行贵阳北京路支行 24570008645297</td></tr>
</table>

第二联：发票联 购货方记账凭证

收款人：李林 复核：王芳 开票人：宋海 销售方：（章）

图 4. 18 增值税专用发票

贵州增值税普通发票 No. 58389547 5200××××××

全国统一发票监制章 贵州 国家税务总局监制

5200×××××× 75548347

开票日期：20×7 年 12 月 9 日

<table>
<tr><td rowspan="4">购买方</td><td colspan="5">名 称：贵州新华管业有限公司</td><td rowspan="4">密码区</td><td colspan="2" rowspan="4"></td></tr>
<tr><td colspan="5">纳税人识别号：9152010261905891C</td></tr>
<tr><td colspan="5">地 址 、电 话：贵阳市华莲路 98 号 0851-85942700</td></tr>
<tr><td colspan="5">开户行及账号：中国工商银行贵阳华莲路支行 13200017961608</td></tr>
<tr><td colspan="2">货物或应税劳务、服务名称</td><td>规格型号</td><td>单位</td><td>数量</td><td>单价</td><td>金额</td><td>税率</td><td>税额</td></tr>
<tr><td colspan="2">电话费</td><td></td><td></td><td></td><td></td><td>785. 00</td><td></td><td></td></tr>
<tr><td colspan="2">合计</td><td></td><td></td><td></td><td></td><td>¥785. 00</td><td></td><td></td></tr>
<tr><td colspan="2">价税合计（大写）</td><td colspan="7">⊗柒佰捌拾伍元整 （小写）¥785. 00</td></tr>
<tr><td rowspan="4">销售方</td><td colspan="6">名 称：中国电信贵阳分公司</td><td rowspan="4">备注</td><td rowspan="4"></td></tr>
<tr><td colspan="6">纳税人识别号：6532956854172568F</td></tr>
<tr><td colspan="6">地 址 、电 话：贵阳市邮电大楼 0851-10000</td></tr>
<tr><td colspan="6">开户行及账号：建行贵阳市中华路支行 53000872420618</td></tr>
</table>

第二联：发票联 购货方记账凭证

收款人： 复核：金丽红 开票人：刘金霞 销售方：（章）

图 4. 19 增值税专用发票

<table>
<tr><td>中国工商银行
转账支票存根
30206240
06165152

附加信息

出票日期 年 月 日
收款人：
金额：
用地：

单位主管 会计</td><td>付款期限自出票之日起十天</td><td>中国工商银行 转账支票 06165152 30206240
出票日期（大写） 年 月 日 06165152
收款人： 付款行名称：
出票人账号：
人民币（大写） 亿 千 百 十 万 千 百 十 元 角 分
用途______ 密码______
上列款项请从
我账户内支付
出票人签章 复核 记账</td></tr>
</table>

图 4.20 转账支票

贵州增值税专用发票 No. 25389655 5100××××××

全国统一发票监制章 贵州 国家税务总局监制

5200×××××× 45387659

开票日期：20×7 年 12 月 09 日

<table>
<tr><td>购买方</td><td colspan="5">名　　称：贵州新华管业有限公司
纳税人识别号：9152010261905891C
地 址 、电 话：贵阳市华莲路 98 号 0851-85942700
开户行及账号：中国工商银行贵阳华莲路支行 13200017961608</td><td>密码区</td><td colspan="2"></td></tr>
<tr><td colspan="2">货物或应税劳务、服务名称</td><td>规格型号</td><td>单位</td><td>数量</td><td>单价</td><td>金额</td><td>税率</td><td>税额</td></tr>
<tr><td colspan="2">电脑</td><td></td><td>台</td><td>1</td><td>3 059. 82</td><td>3 059. 82</td><td>17%</td><td>520. 18</td></tr>
<tr><td colspan="2">合计</td><td></td><td></td><td></td><td></td><td>¥3 059. 82</td><td></td><td>¥520. 18</td></tr>
<tr><td colspan="2">价税合计（大写）</td><td colspan="7">⊗叁仟伍佰捌拾元整 （小写）¥3 580. 00</td></tr>
<tr><td>销售方</td><td colspan="6">名　　称：贵阳四新科技公司
纳税人识别号：7954136968213792D
地 址 、电 话：贵阳市瑞金路 256 号 0851-87924610
开户行及账号：工行贵阳市瑞金路支行 46300012832573</td><td>备注</td><td></td></tr>
</table>

第二联：发票联 购货方记账凭证

收款人：李小 复核：王胜男 开票人：周晓东 销售方：（章）

图 4.21 增值税专用发票

表 4.28　　贵州新华管业有限公司用品领用单

领用时间：20×7 年 12 月 09 日

领用部门	物品名称	单位	数量	单价	金额	领用人
生产车间	电脑	台	1	3 059.82	3 059.82	张磊
合计					3 059.82	

表 4.29　　贵州新华管业有限公司工资结算表

20×7 年 11 月份　　单位：元

项目 / 人员	应付工资				代扣款				实发工资
	基础工资	绩效奖励	其他	合计	住房公积金	社会保险费	个人所得税	合计	
生产工人									
车间管理人员									
公司行政人员				（略）					
销售人员									
合计	273 552.00	39 248.00		312 800.00	13 677.60	30 090.72	1 825.00	45 593.32	267 206.68

中国工商银行　网上银行电子回单

电子回单号码：0013-××××××××　　打印日期：20×7 年 12 月 10 日

付款人	户　名	贵州新华管业有限公司		收款人	户　名	
	账　号	13200017961608			账　号	
	开户银行	工商银行贵阳华莲路支行			开户银行	
金　额		人民币（大写）：贰拾陆万柒仟贰佰零陆元陆角捌分　¥267 206.68				
摘　要			业务（产品）种类		跨行发报	
用　途		工资				
交易流水号		8200491	时间戳		20×7-12-10-09.13.11.518490	
中国工商银行 电子回单 专用章		备注：				
		验证码：kfbgprRI1+0p++krcp				
记账网点	0185	记账柜员	04739	记账日期	20×7 年 12 月 10 日	

重要提示：1. 如果您是收款方，请到工行网站 www. icbc. com. cn 电子回单验证处进行回单验证。2. 本回单不作为收款方发货依据，并请勿重复记账。3. 您可以选择发送邮件，将此电子回单发送给指定的接收人。

图 4.22　网上银行电子回单

贵州增值税专用发票　　No. 55389651　5200××××××

（全国统一发票监制章 贵州 国家税务总局监制）

5200××××××　　74387650

开票日期：20×7 年 12 月 10 日

购买方	名　　称：贵州新华管业有限公司 纳税人识别号：9152010261905891C 地 址 、电 话：贵阳市华莲路 98 号　0851-85942700 开户行及账号：中国工商银行贵阳华莲路支行 13200017961608					密码区	
货物或应税劳务、服务名称	规格型号	单位	数量	单价	金额	税率	税额
石墨		千克	3 500	20. 50	71 750. 00	17%	12 197. 50
合计					￥71 750. 00		￥12 197. 50
价税合计（大写）	⊗捌万叁仟玖佰肆拾柒元伍角零分				（小写）￥83 947. 50		
销售方	名　　称：贵州捷达石墨制品有限公司 纳税人识别号：4975682451397268G 地 址 、电 话：贵阳市新寨路 27 号　0851-73462681 开户行及账号：中国工商银行贵阳市新寨路支行 569243570287365				备注		

收款人：李路　　复核：王小亮　　开票人：郭明　　销售方：（章）

第二联：发票联　购货方记账凭证

图 4. 23　增值税专用发票

表 4. 30　　**贵州新华管业有限公司材料入库单**

供货单位：贵州捷达石墨制品有限公司

20×7 年 12 月 10 日　　编号：20×71205

材料名称	规格	单位	数量		单价	金额	金额合计	备注
			应收	实收				
石墨		千克	3 500	3 500	20. 50	71 750. 00	71 750. 00	
合计							￥71 750. 00	

财务主管：刘晓莉　　仓库保管：杨彪　　采购员：王利红　　材料会计：张楠

<table>
<tr><td rowspan="2">中国工商银行
转账支票存根
30206240
06165153

附加信息

出票日期　　年　月　日
收款人：
金额：
用地：

单位主管　　　会计</td><td>付款期限自出票之日起十天</td><td>中国工商银行　转账支票　　06165152　　30206240
06165153
出票日期（大写）　　年　月　日
收款人：　　　　付款行名称：
出票人账号：
人民币（大写）　亿 千 百 十 万 千 百 十 元 角 分
用途　　　　密码
上列款项请从
我账户内支付
出票人签章　　　　复核　　记账</td></tr>
</table>

图 4.24　转账支票

ICBC　中国工商银行　业务回单（付款）　凭证

日期：20×7 年 12 月 11 日　　回单编号：16×××0000002

付款人户名：贵州新华管业有限公司　　付款人开户行：中国工商银行贵阳华莲路支行
付款人账号（卡号）：13200017961608
收款人户名：中国工商银行贵阳华莲路支行　　收款人开户行：中国工商银行贵阳华莲路支行
收款人账号（卡号）：15623545896584
金额：叁万元整　　小写：30 000. 00 元
业务（产品）种类：贷款利息　　凭证种类：000000000　　凭证号码：000000000000
摘要：利息收入入账　　用途：归还借款利息　　币种：人民币
交易机构：0185　　记账柜员：038546　　交易代码：680036　　渠道：
产品名称：
费用名称：归还借款利息　　应收金额：30 000. 00
实收金额：30 000. 00　　收费渠道：
业务发生账号：13200017961608

中国工商银行股份有限公司贵阳××支行　自助回单机专用章

本回单为第 1 次打印，注意重复　　打印日期：20×7 年 12 月 11 日　　打印柜员：　　验证码：

图 4.25　中国工商银行业务回单

ICBC　中国工商银行　业务回单（付款）　凭证

日期：20×7 年 12 月 11 日　　回单编号：16×××0000003

付款人户名：贵州新华管业有限公司　　付款人开户行：中国工商银行贵阳华莲路支行
付款人账号（卡号）：13200017961608
收款人户名：中国工商银行贵阳华莲路支行　　收款人开户行：中国工商银行贵阳华莲路支行
收款人账号（卡号）：15623545896584
金额：壹佰万元整　　小写：1 000 000. 00 元
业务（产品）种类：贷款本金入账　　凭证种类：000000000　　凭证号码：000000000000
摘要：贷款本金入账　　用途：归还贷款本本金　　币种：人民币
交易机构：0185　　记账柜员：038546　　交易代码：680036　　渠道：
产品名称：
费用名称：归还贷款本金　　应收金额：1 000 000. 00
实收金额：1 000 000. 00　　收费渠道：
业务发生账号：13200017961608

本回单为第 1 次打印，注意重复　　打印日期：20×7 年 12 月 11 日　　打印柜员：　　验证码：

（印章：中国工商银行股份有限公司贵阳××支行 自助回单机专用章）

图 4. 26　中国工商银行业务回单

贵州增值税专用发票　　No. 64309672　5200××××××

（全国统一发票监制章 贵州 国家税务总局监制）

5200××××××　　84387642

开票日期：20×7 年 12 月 11 日

购买方	名　　称：贵州新华管业有限公司 纳税人识别号：9152010261905891C 地 址 、电 话：贵阳市华莲路 98 号　0851-85942700 开户行及账号：中国工商银行贵阳华莲路支行 13200017961608				密码区		
货物或应税劳务、服务名称	规格型号	单位	数量	单价	金额	税率	税额
维修费					12 820. 51	17%	2 179. 49
合计					¥12 820. 51		¥2 179. 49
价税合计（大写）	⊗壹万伍仟元整				（小写）¥15 000. 00		
销售方	名　　称：贵阳东升维修服务公司 纳税人识别号：3648921325762365F 地 址 、电 话：贵阳市中山路 274 号　0851-72684279 开户行及账号：建行贵阳市中山路支行 265369357563211				备注		

第二联：发票联　购货方记账凭证

收款人：郭路　　复核：刘盛国　　开票人：王洁　　销售方：（章）

图 4. 27　增值税专用发票

中国工商银行 转账支票存根 30206240 06165154	付款期限自出票之日起十天	**中国工商银行　转账支票**　06165152　30206240 06165154
附加信息		出票日期（大写）　年　月　日
		收款人：　付款行名称： 出票人账号：
出票日期　年　月　日		人民币（大写）　亿 千 百 十 万 千 百 十 元 角 分
收款人：		用途　密码
金额：		上列款项请从
用地：		我账户内支付
单位主管　会计		出票人签章　复核　记账

图 4.28　转账支票

贵州增值税专用发票　No. 75309663　5200××××××

全国统一发票监制章 贵州 国家税务总局监制

5200××××××　54307653

开票日期：20×7 年 12 月 12 日

购买方	名　称：贵州新华管业有限公司 纳税人识别号：9152010261905891C 地 址 、电 话：贵阳市华莲路 98 号　0851-85942700 开户行及账号：中国工商银行贵阳华莲路支行 13200017961608					密码区	
货物或应税劳务、服务名称	规格型号	单位	数量	单价	金额	税率	税额
广告策划费					9 709.00	3%	291.00
合计					￥9 709.00		￥291.00
价税合计（大写）	⊗壹万元整				（小写）￥10 000.00		
销售方	名　称：贵阳尚锐广告公司 纳税人识别号：6231259637182436D 地 址 、电 话：贵阳市都大路 26 号　0851-37264792 开户行及账号：建行贵阳市都大路支行 265350357563348					备注	

第二联：发票联　购货方记账凭证

收款人：常健　　复核：尹红　　开票人：李桂枝　　销售方：（章）

图 4.29　增值税专用发票

中国工商银行 转账支票存根 30206240 06165155 附加信息 出票日期　年　月　日 收款人： 金额： 用地： 单位主管　　会计	付款期限自出票之日起十天	中国工商银行　**转账支票**　06165152　30206240 06165155 出票日期（大写）　年　月　日 收款人：　付款行名称： 出票人账号： 人民币（大写）　亿 千 百 十 万 千 百 十 元 角 分 用途　密码 上列款项请从 我账户内支付 出票人签章　复核　记账

图 4.30　转账支票

贵州增值税专用发票　No. 85389659　5200××××××

全国统一发票监制章 贵州 国家税务总局监制

5200××××××　95387651

开票日期：20×7 年 12 月 12 日

购买方	名　称：贵州新华管业有限公司 纳税人识别号：9152010261905891C 地 址 、电 话：贵阳市华莲路 98 号　0851-85942700 开户行及账号：中国工商银行贵阳华莲路支行 13200017961608				密码区		
货物或应税劳务、服务名称	规格型号	单位	数量	单价	金额	税率	税额
氢氧化铝		千克	40 000	3.60	144 000.00	17%	24 480.00
合计					¥144 000.00		¥24 480.00
价税合计（大写）	⊗壹拾陆万捌仟肆佰捌拾元整				（小写）¥168 480.00		
销售方	名　称：贵州胜利阻燃材料有限公司 纳税人识别号：9536524751103983C 地 址 、电 话：贵阳市开阳县东风路 478 号 0851-27884569 开户行及账号：中国建设银行贵阳市东风路支行 5643429602360311986				备注		

第二联：发票联　购货方记账凭证

收款人：卢艳　　复核：宋冬香　　开票人：谢俊海　　销售方：（章）

图 4.31　增值税专用发票

表 4.31　　贵州新华管业有限公司材料入库单

供货单位：贵州胜利阻燃材料有限公司

20×7 年 12 月 12 日　　编号：20×71206

材料名称	规格	单位	数量		单价	金额	金额合计	备注
			应收	实收				
氢氧化铝		千克	40 000	40 000	3.60	144 000.00	144 000.00	
合计							¥144 000.00	

财务主管：刘晓莉　　仓库保管：杨彪　　采购员：王利红　　材料会计：张楠

表 4.32　　贵州新华管业有限公司领料单

领料单位：基本生产车间　　20×7 年 12 月 12 日　　编号：20×71203

材料名称及规格	用途	计量单位	数量	
			请领	实领
不饱和树脂	生产产品	千克	20 125	20 125
聚酯纤维	生产产品	千克	12 080	12 080
氢氧化铝	生产产品	千克	30 190	30 190
抗静电剂	生产产品	千克	810	810
促进剂	生产产品	千克	1 200	1 200
网格布	生产产品	千克	12 080	12 080
碳粉	生产产品	千克	810	810
固化剂	生产产品	千克	1 210	1 210
合计				

领料部门负责人：刘俊峰　　记账：张楠　　发料人：杨彪　　领料人：雷洪武

表 4.33　　**贵州新华管业有限公司产成品入库单**

仓库名称：产成品仓库

20×7 年 12 月 12 日　　编号：20×71202

品种	规格	计量单位	数量		送验单位
			送验	实收	
聚酯树脂纤维复合管	300mm	千克	37 440	37 440	基本生产车间
聚酯树脂纤维复合管	200mm	千克	25 344	25 344	基本生产车间
合计			62 784	62 784	

车间负责人：张红霞　　仓库保管：杨彪　　会计：张楠

中国工商银行　网上银行电子回单

电子回单号码：0013-××××××××　　打印日期：20×7 年 12 月 13 日

付款人	户　名	贵州新华管业有限公司		收款人	户　名	四川新利化工有限公司	
	账　号	13200017961608			账　号	26300012532579	
	开户银行	贵阳华莲路支行			开户银行	中国工商银行成都锦江路支行	
金　额		人民币（大写）：肆拾万伍仟零伍拾肆元整　¥405 054. 00 元					
摘　要			业务（产品）种类			跨行发报	
用　途		支付购货款					
交易流水号		8200375	时间戳			20×7-12-13-09. 14. 10. 419447	
中国工商银行 电子回单 专用章		备注： 验证码：×fbgerRI1+7D++krck					
记账网点		0185	记账柜员	03456	记账日期	20×7 年 12 月 13 日	

重要提示：1. 如果您是收款方，请到工行网站 www. icbc. com. cn 电子回单验证处进行回单验证。2. 本回单不作为收款方发货依据，并请勿重复记账。3. 您可以选择发送邮件，将此电子回单发送给指定的接收人。

图 4.32　网上银行电子回单

广东增值税专用发票　　No. 25389655　4400××××××

全国统一发票监制章 广东 国家税务总局监制

4400××××××　　25389655

开票日期：20×7 年 12 月 13 日

<table>
<tr><td rowspan="1">购买方</td><td colspan="5">名　　称：贵州新华管业有限公司
纳税人识别号：915201026190589１C
地 址 、电 话：贵阳市华莲路 98 号　0851-85942700
开户行及账号：中国工商银行贵阳华莲路支行 13200017961608</td><td>密码区</td><td></td></tr>
<tr><td>货物或应税劳务、服务名称</td><td>规格型号</td><td>单位</td><td>数量</td><td>单价</td><td>金额</td><td>税率</td><td>税额</td></tr>
<tr><td>缠绕机</td><td></td><td>台</td><td>2</td><td>50 000. 00</td><td>100 000. 00</td><td>17%</td><td>17 000. 00</td></tr>
<tr><td>合计</td><td></td><td></td><td></td><td></td><td>¥100 000. 00</td><td></td><td>¥17 000. 00</td></tr>
<tr><td>价税合计（大写）</td><td colspan="5">⊗壹拾壹万柒仟元整</td><td colspan="2">（小写）¥117 000. 00</td></tr>
<tr><td>销售方</td><td colspan="5">名　　称：广东华益佳有限公司
纳税人识别号：3685697516342568C
地 址 、电 话：广东省东莞市云翔路 357 号 0769-39946237
开户行及账号：中国建设银行东莞市云翔路支行 436924160298639</td><td>备注</td><td></td></tr>
</table>

收款人：刘军　　复核：董景松　　开票人：王天刚　　销售方：（章）

第二联：发票联　购货方记账凭证

图 4. 33　增值税专用发票

凭证

ICBC　中国工商银行　业务回单（付款）

日期：20×7 年 12 月 13 日　　回单编号：16×××0000002

付款人户名：贵州新华管业有限公司　　付款人开户行：中国工商银行贵阳华莲路支行
付款人账号（卡号）：13200017961608
收款人户名：广东华益佳有限公司　　收款人开户行：中国建设银行云翔路支行
收款人账号（卡号）：436924160298639
金额：壹拾壹万柒仟元整　　小写：117 000. 00 元
业务（产品）种类：　　凭证种类：　　凭证号码：
摘要：　　用途：支付购货款　　币种：人民币
交易机构：　　记账柜员：　　交易代码：　　渠道：
产品名称：
费用名称：　　应收金额：117 000. 00
实收金额：117 000. 00　　收费渠道：
业务发生账号：

中国工商银行股份有限公司贵阳××支行 自助回单机专用章

本回单为第 1 次打印，注意重复　　打印日期：20×7 年 12 月 13 日　　打印柜员：　　验证码：

图 4. 34　中国工商银行业务回单

<table>
<tr><td>中国工商银行
转账支票存根
30206240
06165156

附加信息

出票日期　　年　月　日
收款人：
金额：
用地：

单位主管　　　会计</td><td>付款期限自出票之日起十天</td><td>中国工商银行　转账支票　　06165152　30206240
06165156
出票日期（大写）　　年　月　日
收款人：　　　　付款行名称：
出票人账号：
人民币（大写）　亿 千 百 十 万 千 百 十 元 角 分

用途______　　密码______
上列款项请从
我账户内支付
出票人签章　　　复核　　记账</td></tr>
</table>

图 4.35　转账支票

表 4.34　　贵州省行政事业性收费收据

No. 20×718967

20×7 年 12 月 14 日

<table>
<tr><td>交费单位</td><td>贵州新华管业有限公司</td><td colspan="5">收费许可证号</td><td colspan="6">（黔）财发 201636</td></tr>
<tr><td rowspan="2">收费项目</td><td rowspan="2">收费标准</td><td colspan="11">金额</td></tr>
<tr><td>亿</td><td>千</td><td>百</td><td>十</td><td>万</td><td>千</td><td>百</td><td>十</td><td>元</td><td>角</td><td>分</td></tr>
<tr><td>培 训 费</td><td>40 人×500 元/人</td><td></td><td></td><td></td><td></td><td>2</td><td>0</td><td>0</td><td>0</td><td>0</td><td>0</td><td>0</td></tr>
<tr><td></td><td></td><td></td><td></td><td></td><td></td><td></td><td></td><td></td><td></td><td></td><td></td><td></td></tr>
<tr><td></td><td></td><td></td><td></td><td></td><td></td><td></td><td></td><td></td><td></td><td></td><td></td><td></td></tr>
<tr><td colspan="2">合计</td><td></td><td></td><td></td><td>¥</td><td>2</td><td>0</td><td>0</td><td>0</td><td>0</td><td>0</td><td>0</td></tr>
<tr><td colspan="2">人民币（大写）贰万元整</td><td colspan="5">交款方式</td><td colspan="6">转账</td></tr>
</table>

负责人：　　　　　　开票人：王武　　　　　　收费单位签章：

中国工商银行　网上银行电子回单

电子回单号码：0013-××××××××　　　　打印日期：20×7 年 12 月 14 日

<table>
<tr><td rowspan="3">付款人</td><td>户　名</td><td colspan="2">贵州新华管业有限公司</td><td rowspan="3">收款人</td><td>户　名</td><td colspan="3">山东东海煤矿有限公司</td></tr>
<tr><td>账　号</td><td colspan="2">13200017961608</td><td>账　号</td><td colspan="3">2649325846927665036</td></tr>
<tr><td>开户银行</td><td colspan="2">工商银行贵阳华莲路支行</td><td>开户银行</td><td colspan="3">工商银行济宁市解放路支行</td></tr>
<tr><td colspan="2">金　额</td><td colspan="7">人民币（大写）：贰佰万元整　¥2 000 000.00 元</td></tr>
<tr><td colspan="2">摘　要</td><td colspan="2"></td><td colspan="3">业务（产品）种类</td><td colspan="2">跨行发报</td></tr>
<tr><td colspan="2">用　途</td><td colspan="7">支付购货款</td></tr>
<tr><td colspan="2">交易流水号</td><td colspan="2">8200375</td><td colspan="3">时间戳</td><td colspan="2">20×7-12-14-09.08.10.519049</td></tr>
<tr><td colspan="2" rowspan="2">中国工商银行
电子回单
专用章</td><td colspan="7">备注：</td></tr>
<tr><td colspan="7">验证码：qfbgerRI1+7D++krcq</td></tr>
<tr><td colspan="2">记账网点</td><td>0185</td><td>记账柜员</td><td colspan="2">03456</td><td>记账日期</td><td colspan="2">20×7 年 12 月 14 日</td></tr>
</table>

重要提示：1. 如果您是收款方，请到工行网站 www.icbc.com.cn 电子回单验证处进行回单验证。2. 本回单不作为收款方发货依据，并请勿重复记账。3. 您可以选择发送邮件，将此电子回单发送给指定的接收人。

图 4.36　网上银行电子回单

表 4.35　　贵州新华管业有限公司差旅费报销单

部门：　　　　年　月　日

<table>
<tr><td colspan="2">出差人员：</td><td>共　人</td><td colspan="2">事由：</td><td colspan="2">自　月　日起
至　月　日止</td><td colspan="2">共　天</td></tr>
<tr><td>费用项目</td><td colspan="2">票据及张数</td><td colspan="2">金额</td><td colspan="4">合计金额</td></tr>
<tr><td></td><td colspan="2"></td><td colspan="2"></td><td colspan="4"></td></tr>
<tr><td></td><td colspan="2"></td><td colspan="2"></td><td colspan="4"></td></tr>
<tr><td></td><td colspan="2"></td><td colspan="2"></td><td colspan="4"></td></tr>
<tr><td></td><td colspan="2"></td><td colspan="2"></td><td colspan="4"></td></tr>
<tr><td></td><td colspan="2"></td><td colspan="2"></td><td colspan="4"></td></tr>
<tr><td></td><td colspan="2"></td><td colspan="2"></td><td colspan="4"></td></tr>
<tr><td>合计</td><td colspan="2"></td><td colspan="2"></td><td colspan="4"></td></tr>
<tr><td>借款金额</td><td></td><td>退补金额</td><td></td><td>退补方式</td><td></td><td>领导意见</td><td colspan="2"></td></tr>
</table>

单位主管：　　　部门负责人：　　　复核：　　　报销人：

表 4. 36　　　　贵州新华管业有限公司内部收据

年　月　日　　　　No. 20×72657

今收到____________________ 交来____________________款 人民币（大写）____________________ 收款单位（章）　　　　¥________
备注

核准：　　　　收款：　　　　经手人：

中国工商银行贷款申请书（回单）

申请日期：20×7 年 12 月 2 日　贷款日期：20×7 年 12 月 15 日

贷款单位全称	贵州新华管业有限公司			贷款单位账号			13200017961608							
贷款金额（大写）	伍拾万元整			亿	千	百	十	万	千	百	十	元	角	分
						¥	5	0	0	0	0	0	0	0
贷款种类	流动资金借款	年利率	6%	约定还款日期：20×8 年 6 月 15 日										
上列款项已核准发放并转入指定科目。 致 签章：				备注：贷款期限为半年										

图 4. 37　银行贷款申请书（回单）

中国工商银行进账单（回单）　2

20×7 年 12 月 15 日

出票人	全称		收款人	全称	贵州新华管业有限公司
	账号			账号	13200017961608
	开户银行			开户银行	中国工商银行贵阳华莲路支行

金额	人民币（大写）伍拾万元整	亿	千	百	十	万	千	百	十	元	角	分
				¥	5	0	0	0	0	0	0	0

票据种类		票据张数	1
票据号码			
备注：			

复核：　　　　记账：

此联是开户银行交给持票人的回单

图 4.38　银行进账单

四川增值税专用发票　　No. 25389655　5100××××××

（全国统一发票监制章　四川　国家税务总局监制）

5100××××××　　　　25389667

开票日期：20×7 年 12 月 16 日

购买方	名　　称：贵州新华管业有限公司 纳税人识别号：915201026190589lC 地 址 、电 话：贵阳市华莲路 98 号　0851-85942700 开户行及账号：中国工商银行贵阳华莲路支行 13200017961608	密码区	

货物或应税劳务、服务名称	规格型号	单位	数量	单价	金额	税率	税额
不饱和树脂		千克	30 000	9.50	285 000.00	17%	48 450.00
固化剂		千克	2 000	15.30	30 600.00	17%	5 202.00
促进剂		千克	2 000	15.30	30 600.00	17%	5 202.00
合计					¥346 200.00		¥58 854.00
价税合计（大写）	⊗肆拾万伍仟零伍拾肆元零角零分				（小写）¥405 054.00		

销售方	名　　称：四川新利化工有限公司 纳税人识别号：2685379213562557D 地 址 、电 话：四川省成都市锦江路 322 号 024-83752064 开户行及账号：中国工商银行成都锦江路支行 26300012532579	备注	

收款人：王政　　复核：刘霞　　开票人：蔡鸿兴　　销售方：（章）

第二联：发票联　购货方记账凭证

图 4.39　增值税专用发票

贵州增值税专用发票　　No. 38389654　5200××××××

全国统一发票监制章 贵州 国家税务总局监制

5200××××××　　35389758

开票日期：20×7 年 12 月 16 日

<table>
<tr><td>购买方</td><td colspan="6">名　　称：贵州新华管业有限公司
纳税人识别号：9152010261905891C
地 址 、电 话：贵阳市华莲路 98 号　0851-85942700
开户行及账号：中国工商银行贵阳华莲路支行 1320001796l608</td><td>密码区</td><td></td></tr>
<tr><td colspan="2">货物或应税劳务、服务名称</td><td>规格型号</td><td>单位</td><td>数量</td><td>单价</td><td>金额</td><td>税率</td><td>税额</td></tr>
<tr><td colspan="2">运费</td><td></td><td></td><td></td><td></td><td>6 800.00</td><td>11%</td><td>748.00</td></tr>
<tr><td colspan="2">合计</td><td></td><td></td><td></td><td></td><td>¥6 800.00</td><td></td><td>¥748.00</td></tr>
<tr><td colspan="2">价税合计（大写）</td><td colspan="5">⊗柒仟伍佰肆拾捌元整</td><td colspan="2">（小写）¥7 548.00</td></tr>
<tr><td>销售方</td><td colspan="6">名　　称：贵阳红星运输公司
纳税人识别号：693246512587953C
地 址 、电 话：贵阳市红星路 138 号 0851-88374324
开户行及账号：建行贵阳市红星路支行 4689230512467234091</td><td>备注</td><td></td></tr>
</table>

收款人：付江　　复核：孙晓福　　开票人：姜礼庆　　销售方：（章）

第二联：发票联　购货方记账凭证

图 4.40　增值税专用发票

表 4.37　**贵州新华管业有限公司材料入库单**

供货单位：四川新利化工有限公司

20×7 年 12 月 16 日　　编号：20×71207

材料名称	规格	单位	数量		单价	金额	备注
			应收	实收			
不饱和树脂		千克	30 000	30 000	9.70	291 000.00	
固化剂		千克	2 000	2 000	15.50	31 000.00	
促进剂		千克	2 000	2 000	15.50	31 000.00	
合计							

财务主管：刘晓莉　　仓库保管：杨彪　　采购员：王利红　　材料会计：张楠

中国工商银行 转账支票存根 30206240 06165157 附加信息 出票日期　年　月　日 收款人： 金额： 用地： 单位主管　会计	付款期限自出票之日起十天	**中国工商银行　转账支票**　06165152　30206240 06165157 出票日期（大写）　年　月　日 收款人：　付款行名称： 出票人账号： 人民币（大写）　亿 千 百 十 万 千 百 十 元 角 分 用途＿＿＿＿　密码＿＿＿＿ 上列款项请从 我账户内支付 出票人签章　复核　记账

图 4.41　转账支票

表 4.38　**贵州省社会保险基金专用收据（机制三联）**

收款日期：20×7 年 12 月 17 日　NO.

缴款单位	贵州新华管业有限公司	收款金额		
		单位缴纳	个人缴纳	小计
基金名称	基本养老保险基金	54 710.40	21 884.16	76 594.56
	失业保险基金	5 471.04	2 735.52	8 206.56
	医疗保险基金	20 516.40	5 471.04	25 987.44
	工伤保险基金	1 641.31		1 641.31
	生育保险基金	1 914.87		1 914.87
备注				
合计（大写）壹拾壹万肆仟叁佰肆拾肆元柒角肆分			（小写）￥114 344.74	

收款单位（章）：　收款人：（章）：　交款人（章）：

ICBC 中国工商银行 业务回单（付款）凭证

日期：20×7 年 12 月 17 日　　回单编号：16×××0000002

付款人户名：贵州新华管业有限公司　　付款人开户行：中国工商银行贵阳华莲路支行
付款人账号（卡号）：13200017961608
收款人户名：　　收款人开户行：
收款人账号（卡号）：
金额：壹拾壹万肆仟叁佰肆拾肆元柒角肆分　　小写：114 344.74 元
业务（产品）种类：　　凭证种类：　　凭证号码：
摘要：　　用途：缴纳本月社保五险一金　　币种：
交易机构：　　记账柜员：　　交易代码：　　渠道：
产品名称：
费用名称：　　应收金额：
实收金额：　　收费渠道：
业务发生账号：

中国工商银行股份有限公司贵阳××支行
自助回单机专用章

本回单为第 1 次打印，注意重复　　打印日期：20×7 年 12 月 17 日　　打印柜员：　　验证码：

图 4.42　中国工商银行业务回单

中国工商银行
转账支票存根
30206240
06165158

附加信息

出票日期　年　月　日

收款人：
金额：
用地：

单位主管　　会计

付款期限自出票之日起十天

中国工商银行 转账支票　06165152　30206240
06165158

出票日期（大写）　年　月　日
收款人：　　付款行名称：
出票人账号：

人民币（大写）	亿	千	百	十	万	千	百	十	元	角	分

用途________　　密码________

上列款项请从

我账户内支付

出票人签章　　复核　　记账

图 4.43　转账支票

表 4.39　　贵州省行政事业性收费收据

No. 20×708952

20×7 年 12 月 17 日

交费单位	贵州新华管业有限公司	收费许可证号					（黔）财发 201203			
收费项目	收费标准	金额										

收费项目	收费标准	亿	千	百	十	万	千	百	十	元	角	分
捐 赠						2	0	0	0	0	0	0
合计					¥	2	0	0	0	0	0	0
人民币（大写）贰万元整		交款方式						转账				

负责人：　　　开票人：李娟　　　收费单位签章：（欣欣残疾人服务中心）

贵州增值税专用发票　　No. 85389659　　5200××××××

（全国统一发票监制章 贵州 国家税务总局监制）

5200××××××　　95387664

开票日期：20×7 年 12 月 18 日

购买方	名　　称：贵州新华管业有限公司 纳税人识别号：9152010261905891C 地 址 、电 话：贵阳市华莲路 98 号　0851-85942700 开户行及账号：中国工商银行贵阳华莲路支行 13200017961608					密码区	
货物或应税劳务、服务名称	规格型号	单位	数量	单价	金额	税率	税额
氢氧化铝		千克	40 000	3.60	144 000.00	17%	24 480.00
抗静电剂		千克	1 500	24.20	36 300.00	17%	6 171.00
合计					¥180 300.00		¥30 651.00
价税合计（大写）	⊗贰拾壹万零玖佰伍拾壹元整				（小写）¥210 951.00		
销售方	名　　称：贵阳胜利阻燃材料有限公司 纳税人识别号：9536524751103983C 地 址 、电 话：贵阳市开阳县东风路 478 号 0851-27884569 开户行及账号：中国建设银行贵阳市东风路支行 5643429602360311986					备注	

第二联：发票联　购货方记账凭证

收款人：周艳　　复核：董香　　开票人：刘海　　销售方：（章）

图 4.44　增值税专用发票

表 4.40 贵州新华管业有限公司材料入库单

供货单位：贵州胜利阻燃材料有限公司

20×7 年 12 月 18 日 编号：20×71208

材料名称	规格	单位	数量		单价	金额	金额合计	备注
			应收	实收				
氢氧化铝		千克	40 000	40 000	3.60	144 000.00	144 000.00	
抗静电剂		千克	1 500	1 500	24.20	36 300.00	36 300.00	
合计							¥180 300.00	

财务主管：刘晓莉 仓库保管：杨彪 采购员：王利红 材料会计：张楠

重庆增值税专用发票 No. 35 387 567 5000××××××

全国统一发票监制章 重庆 国家税务总局监制

5000×××××× 25389675

开票日期：20×7 年 12 月 18 日

购买方	名　　称：贵州新华管业有限公司 纳税人识别号：9152010261905891C 地 址 、电 话：贵阳市华莲路 98 号 0851-85942700 开户行及账号：中国工商银行贵阳华莲路支行 13200017961608	密码区						
货物或应税劳务、服务名称	规格型号	单位	数量	单价	金额	税率	税额	
网格布		千克	20 000	3.60	72 000.00	17%	12 240.00	
合计					¥72 000.00		¥12 240.00	
价税合计（大写）	⊗捌万肆仟贰佰肆拾元整				（小写）¥84 240.00			
销售方	名　　称：重庆高峰防水材料有限公司 纳税人识别号：3651234861006852E 地 址 、电 话：重庆市建设路 326 号 023-59304782 开户行及账号：中国工商银行重庆市建设路支行 752103652311852	备注						

第二联：发票联 购货方记账凭证

收款人：周丹丹 复核：董海 开票人：陈玲玲 销售方：（章）

图 4.45 增值税专用发票

重庆增值税普通发票　　No. 43387561　5000××××××

5000××××××　　35389631

开票日期：20×7 年 12 月 18 日

<table>
<tr><td>购买方</td><td colspan="5">名　　　称：贵州新华管业有限公司
纳税人识别号：915201026190589IC
地 址 、电 话：贵阳市华莲路 98 号　0851-85942700
开户行及账号：中国工商银行贵阳华莲路支行 13200017961608</td><td>密码区</td><td colspan="2"></td></tr>
<tr><td>货物或应税劳务、服务名称</td><td>规格型号</td><td>单位</td><td>数量</td><td>单价</td><td>金额</td><td>税率</td><td colspan="2">税额</td></tr>
<tr><td>运费</td><td></td><td></td><td></td><td></td><td>4 854.00</td><td>3%</td><td colspan="2">146.00</td></tr>
<tr><td>合计</td><td></td><td></td><td></td><td></td><td>¥4 854.00</td><td></td><td colspan="2">¥146.00</td></tr>
<tr><td>价税合计（大写）</td><td colspan="8">⊗伍仟元整　　（小写）¥5 000.00</td></tr>
<tr><td>销售方</td><td colspan="6">名　　　称：重庆鸿运运输公司
纳税人识别号：9536742551103980B
地 址 、电 话：重庆市建设路 133 号　023-56930742
开户行及账号：中国工商银行重庆市建设路支行 752103652322759</td><td>备注</td><td></td></tr>
</table>

第二联：发票联　购货方记账凭证

收款人：周艳　　复核：董香　　开票人：刘海　　销售方：（章）

图 4.46　增值税专用发票

表 4.41　贵州新华管业有限公司材料入库单

供货单位：重庆高峰防水材料有限公司

20×7 年 12 月 18 日　　编号：20×71209

材料名称	规格	单位	数量		单价	金额	金额合计	备注
			应收	实收				
网格布		千克	20 000	20 000	3.85	77 000.00	77 000.00	运费 5 000.00
合计							¥77 000.00	

财务主管：刘晓莉　　仓库保管：杨彪　　采购员：王利红　　材料会计：张楠

贵州增值税专用发票 No. 25389655 5100××××××

5200×××××× 45387659

开票日期：20×7 年 12 月 19 日

<table>
<tr><td>购买方</td><td colspan="6">名　　称：贵州新华管业有限公司
纳税人识别号：915201026190589 1C
地 址 、电 话：贵阳市华莲路 98 号 0851-85942700
开户行及账号：中国工商银行贵阳华莲路支行 13200017961608</td><td>密码区</td><td></td></tr>
<tr><td colspan="2">货物或应税劳务、服务名称</td><td>规格型号</td><td>单位</td><td>数量</td><td>单价</td><td>金额</td><td>税率</td><td>税额</td></tr>
<tr><td colspan="2">计算机维护服务费</td><td></td><td></td><td></td><td></td><td>3 000.00</td><td>6%</td><td>180.00</td></tr>
<tr><td colspan="2">合计</td><td></td><td></td><td></td><td></td><td>¥3 000.00</td><td></td><td>¥180.00</td></tr>
<tr><td colspan="2">价税合计（大写）</td><td colspan="7">⊗叁仟壹佰捌拾元整　　　（小写）¥3 180.00</td></tr>
<tr><td>销售方</td><td colspan="6">名　　称：贵阳四新电脑公司
纳税人识别号：7954136968213792D
地 址 、电 话：贵阳市瑞金路 256 号 0851-87924610
开户行及账号：工行瑞金路支行 46300012832573</td><td>备注</td><td></td></tr>
</table>

第二联：发票联　购货方记账凭证

收款人：李小　　复核：王胜男　　开票人：周晓东　　销售方：（章）

图 4.47 增值税专用发票

中国工商银行 网上银行电子回单

电子回单号码：0013-×××××××× 打印日期：20×7 年 12 月 19 日

<table>
<tr><td rowspan="3">付款人</td><td>户　名</td><td colspan="2">贵州新华管业有限公司</td><td rowspan="3">收款人</td><td>户　名</td><td colspan="2">贵阳四新电脑公司</td></tr>
<tr><td>账　号</td><td colspan="2">13200017961608</td><td>账　号</td><td colspan="2">46300012832573</td></tr>
<tr><td>开户银行</td><td colspan="2">工商银行贵阳华莲路支行</td><td>开户银行</td><td colspan="2">中国工商银行贵阳瑞金路支行</td></tr>
<tr><td colspan="2">金　额</td><td colspan="6">人民币（大写）：叁仟壹佰捌拾元整　¥3 180.00 元</td></tr>
<tr><td colspan="2">摘　要</td><td colspan="2"></td><td colspan="2">业务（产品）种类</td><td colspan="2">跨行发报</td></tr>
<tr><td colspan="2">用　途</td><td colspan="6">支付计算机维护服务费</td></tr>
<tr><td colspan="2">交易流水号</td><td colspan="2">9200457</td><td colspan="2">时间戳</td><td colspan="2">20×7-12-19-15.13.11.519752</td></tr>
<tr><td colspan="2" rowspan="2">中国工商银行
电子回单
专用章</td><td colspan="6">备注：</td></tr>
<tr><td colspan="6">验证码：bfbgprRI1+9R++krcb</td></tr>
<tr><td colspan="2">记账网点</td><td>0185</td><td>记账柜员</td><td colspan="2">04726</td><td>记账日期</td><td>20×7 年 12 月 19 日</td></tr>
</table>

重要提示：1. 如果您是收款方，请到工行网站 www.icbc.com.cn 电子回单验证处进行回单验证。2. 本回单不作为收款方发货依据，并请勿重复记账。3. 您可以选择发送邮件，将此电子回单发送给指定的接收人。

图 4.48 网上银行电子回单

表 4.42　　贵州新华管业有限公司领料单

领料单位：基本生产车间　　20×7 年 12 月 19 日　　编号：20×71204

材料名称及规格	用途	计量单位	数量	
			请领	实领
不饱和树脂	生产产品	千克	20 125	20 125
聚酯纤维	生产产品	千克	12 080	12 080
氢氧化铝	生产产品	千克	30 190	30 190
抗静电剂	生产产品	千克	810	810
促进剂	生产产品	千克	1 200	1 200
网格布	生产产品	千克	12 080	12 080
碳粉	生产产品	千克	810	810
固化剂	生产产品	千克	1 210	1 210
合计				

领料部门负责人：刘俊峰　　记账：张楠　　发料人：杨彪　　领料人：雷洪武

表 4.43　　贵州新华管业有限公司产成品入库通知单

仓库名称：产成品仓库

20×7 年 12 月 19 日　　编号：20×71203

品种	规格	计量单位	数量		送验单位
			送验	实收	
聚酯树脂纤维复合管	300mm	千克	37 442	37 442	基本生产车间
聚酯树脂纤维复合管	200mm	千克	25 342	25 342	基本生产车间
合计					

车间负责人：张红霞　　仓库保管：杨彪　　会计：张楠

广东增值税专用发票　　No. 75389655　4400××××××

（全国统一发票监制章 广东 国家税务总局监制）

4400××××××　　45389650

开票日期：20×7 年 12 月 20 日

<table>
<tr><td>购买方</td><td colspan="5">名　　称：贵州新华管业有限公司
纳税人识别号：9152010261905891C
地 址 、电 话：贵阳市华莲路 98 号　085-85942700
开户行及账号：中国工商银行贵阳华莲路支行 13200017961608</td><td>密码区</td><td colspan="2"></td></tr>
<tr><td colspan="2">货物或应税劳务、服务名称</td><td>规格型号</td><td>单位</td><td>数量</td><td>单价</td><td>金额</td><td>税率</td><td>税额</td></tr>
<tr><td colspan="2">聚酯纤维</td><td></td><td>千克</td><td>20 000</td><td>2.55</td><td>51 000.00</td><td>17%</td><td>8 670.00</td></tr>
<tr><td colspan="2">合计</td><td></td><td></td><td></td><td></td><td>¥51 000.00</td><td></td><td>¥8 670.00</td></tr>
<tr><td colspan="2">价税合计（大写）</td><td colspan="7">⊗伍万玖仟陆佰柒拾元整　　（小写）¥59 670.00</td></tr>
<tr><td>销售方</td><td colspan="5">名　　称：广东百隆化工厂
纳税人识别号：2695378612573798D
地 址 、电 话：广东省东莞市长明路 127 号　0769-58374826
开户行及账号：工行东莞市长明路支行 597302317926098</td><td>备注</td><td colspan="2"></td></tr>
</table>

收款人：刘红　　复核：谢涌涛　　开票人：韩道江　　销售方：（章）

第二联：发票联　购货方记账凭证

图 4.49　增值税专用发票

贵州增值税专用发票　　No. 38389654　5200××××××

（全国统一发票监制章 贵州 国家税务总局监制）

5200××××××　　35389772

开票日期：20×7 年 12 月 20 日

<table>
<tr><td>购买方</td><td colspan="5">名　　称：贵州新华管业有限公司
纳税人识别号：9152010261905891C
地 址 、电 话：贵阳市华莲路 98 号　0851-85942700
开户行及账号：中国工商银行贵阳华莲路支行 13200017961608</td><td>密码区</td><td colspan="2"></td></tr>
<tr><td colspan="2">货物或应税劳务、服务名称</td><td>规格型号</td><td>单位</td><td>数量</td><td>单价</td><td>金额</td><td>税率</td><td>税额</td></tr>
<tr><td colspan="2">运费</td><td></td><td></td><td></td><td></td><td>4 000.00</td><td>11%</td><td>440.00</td></tr>
<tr><td colspan="2">合计</td><td></td><td></td><td></td><td></td><td>¥4 000.00</td><td></td><td>¥440.00</td></tr>
<tr><td colspan="2">价税合计（大写）</td><td colspan="7">⊗肆仟肆佰肆拾元整　　（小写）¥4 440.00</td></tr>
<tr><td>销售方</td><td colspan="5">名　　称：贵阳红星运输公司
纳税人识别号：693246512587953C
地 址 、电 话：贵阳市红星路 138 号 0851-88374324
开户行及账号：建行贵阳市红星路支行 4689230512467234091</td><td>备注</td><td colspan="2"></td></tr>
</table>

收款人：付江　　复核：孙晓福　　开票人：姜礼庆　　销售方：（章）

第二联：发票联　购货方记账凭证

图 4.50　增值税专用发票

表 4.44 **贵州新华管业有限公司材料入库单**

供货单位：广东百隆化工厂

20×7 年 12 月 20 日　　　　编号：20×71210

材料名称	规格	单位	数量		单价	金额	金额合计	备注
			应收	实收				
聚酯纤维		千克	20 000	20 000	2.75	55 000.00	55 000.00	
合计							¥55 000.00	

财务主管：刘晓莉　　仓库保管：杨彪　　采购员：王利红　　材料会计：张楠

中国工商银行　网上银行电子回单

电子回单号码：0013-××××××××　　打印日期：20×7 年 12 月 20 日

付款人	户　名	贵州新华管业有限公司	收款人	户　名	广东百隆化工厂
	账　号	13200017961608		账　号	597302317926098
	开户银行	工商银行贵阳华莲路支行		开户银行	工商银行东莞市长明路支行
金　额		人民币（大写）：伍万玖仟陆佰柒拾元整　¥59 670.00 元			
摘　要			业务（产品）种类		跨行发报
用　途		支付货款			
交易流水号		3200459	时间戳		20×7-12-19-15.13.11.519850
中国工商银行 电子回单 专用章		备注： 验证码：pfbgprRI1+8R++krcc			
记账网点	0185	记账柜员 04726	记账日期		20×7 年 12 月 20 日

重要提示：1. 如果您是收款方，请到工行网站 www. icbc. com. cn 电子回单验证处进行回单验证。2. 本回单不作为收款方发货依据，并请勿重复记账。3. 您可以选择发送邮件，将此电子回单发送给指定的接收人。

图 4.51　网上银行电子回单

中国工商银行　网上银行电子回单

电子回单号码：0013-××××××××　　打印日期：20×7 年 12 月 20 日

付款人	户　名	贵州新华管业有限公司		收款人	户　名	贵阳红星运输公司	
	账　号	13200017961608			账　号	4689230512467234091	
	开户银行	工商银行贵阳华莲路支行			开户银行	建行贵阳市红星路支行	
金　额		人民币（大写）：肆仟肆佰肆拾元整　¥4 440.00 元					
摘　要			业务（产品）种类			跨行发报	
用　途		支付运费					
交易流水号		3200460	时间戳			20×7-12-20-15.13.15.519851	
中国工商银行 电子回单 专用章		备注：					
		验证码：pfbgprRI1+8R++krcc					
记账网点		0185	记账柜员	04726	记账日期	20×7 年 12 月 20 日	

重要提示：1. 如果您是收款方，请到工行网站 www. icbc. com. cn 电子回单验证处进行回单验证。2. 本回单不作为收款方发货依据，并请勿重复记账。3. 您可以选择发送邮件，将此电子回单发送给指定的接收人。

图 4.52　网上银行电子回单

贵州增值税专用发票　　No. 08389654　5200××××××

全国统一发票监制章 贵州 国家税务总局监制

5200××××××　　85389771

开票日期：20×7 年 12 月 21 日

购买方	名　　称：贵州新华管业有限公司 纳税人识别号：9152010261905891C 地 址 、电 话：贵阳市华莲路 98 号　0851-85942700 开户行及账号：中国工商银行贵阳华莲路支行 13200017961608					密码区		
货物或应税劳务、服务名称		规格型号	单位	数量	单价	金额	税率	税额
设备维修费						20 000.00	17%	3 400.00
合计						¥20 000.00		¥3 400.00
价税合计（大写）		⊗贰万叁仟肆佰元整				（小写）¥23 400.00		
销售方	名　　称：贵阳双林有限公司 纳税人识别号：3598263015996570C 地 址 、电 话：贵阳市遵东路 163 号 0851-85324697 开户行及账号：中国建设银行贵阳遵东路支行 689430512467534097					备注		

第二联：发票联　购货方记账凭证

收款人：付江　　复核：孙晓福　　开票人：姜礼庆　　销售方：（章）

图 4.53　增值税专用发票

<table>
<tr><td rowspan="2">中国工商银行
转账支票存根
30206240
06165159

附加信息

出票日期　年　月　日
收款人：
金额：
用地：

单位主管　　会计</td><td>付
款
期
限
自
出
票
之
日
起
十
天</td><td>中国工商银行　转账支票　06165152　30206240
06165159
出票日期（大写）　年　月　日
收款人：　付款行名称：
出票人账号：
人民币（大写）　亿 千 百 十 万 千 百 十 元 角 分
用途＿＿＿＿　密码＿＿＿＿
上列款项请从
我账户内支付
出票人签章　复核　记账</td></tr>
</table>

图 4.54　转账支票

中国工商银行　网上银行电子回单

电子回单号码：0013-××××××××　　打印日期：20×7 年 12 月 21 日

<table>
<tr><td rowspan="3">付款人</td><td>户　名</td><td colspan="2">贵州新华管业有限公司</td><td rowspan="3">收款人</td><td>户　名</td><td colspan="2">贵州胜利阻燃材料有限公司</td></tr>
<tr><td>账　号</td><td colspan="2">13200017961608</td><td>账　号</td><td colspan="2">5643429602360311986</td></tr>
<tr><td>开户银行</td><td colspan="2">工商银行贵阳华莲路支行</td><td>开户银行</td><td colspan="2">中国建设银行贵阳解放路支行</td></tr>
<tr><td colspan="2">金　额</td><td colspan="6">人民币（大写）：叁佰万元整　￥3 000 000.00 元</td></tr>
<tr><td colspan="2">摘　要</td><td colspan="2"></td><td colspan="2">业务（产品）种类</td><td colspan="2">跨行发报</td></tr>
<tr><td colspan="2">用　途</td><td colspan="6">支付货款</td></tr>
<tr><td colspan="2">交易流水号</td><td colspan="2">3200459</td><td colspan="2">时间戳</td><td colspan="2">20×7-12-21-15.13.11.519850</td></tr>
<tr><td colspan="2" rowspan="2">中国工商银行
电子回单
专用章</td><td colspan="6">备注：</td></tr>
<tr><td colspan="6">验证码：pfbgprRI1+8R++krcc</td></tr>
<tr><td colspan="2">记账网点</td><td>0185</td><td>记账柜员</td><td>04726</td><td>记账日期</td><td colspan="2">20×7 年 12 月 21 日</td></tr>
</table>

重要提示：1. 如果您是收款方，请到工行网站 www. icbc. com. cn 电子回单验证处进行回单验证。2. 本回单不作为收款方发货依据，并请勿重复记账。3. 您可以选择发送邮件，将此电子回单发送给指定的接收人。

图 4.55　网上银行电子回单

中国工商银行　网上银行电子回单

电子回单号码：0013-××××××××　　打印日期：20×7年12月21日

<table>
<tr><td rowspan="3">付款人</td><td>户　名</td><td>贵州新华管业有限公司</td><td rowspan="3">收款人</td><td>户　名</td><td colspan="2">贵州捷达石墨制品有限公司</td></tr>
<tr><td>账　号</td><td>13200017961608</td><td>账　号</td><td colspan="2">569243570287365</td></tr>
<tr><td>开户银行</td><td>工商银行贵阳华莲路支行</td><td>开户银行</td><td colspan="2">中国工商银行贵阳市新寨路支行</td></tr>
<tr><td colspan="2">金　额</td><td colspan="5">人民币（大写）：壹拾贰万玖仟陆佰元整　¥129 600.00元</td></tr>
<tr><td colspan="2">摘　要</td><td></td><td colspan="2">业务（产品）种类</td><td colspan="2">跨行发报</td></tr>
<tr><td colspan="2">用　途</td><td colspan="5">支付货款</td></tr>
<tr><td colspan="2">交易流水号</td><td>3200462</td><td colspan="2">时间戳</td><td colspan="2">20×7-12-21-15.15.11.519854</td></tr>
<tr><td colspan="2" rowspan="2">中国工商银行
电子回单
专用章</td><td colspan="5">备注：</td></tr>
<tr><td colspan="5">验证码：×fbgprRI1+4Q++krc×</td></tr>
<tr><td colspan="2">记账网点</td><td>0185</td><td>记账柜员</td><td>04726</td><td>记账日期</td><td>20×7年12月21日</td></tr>
</table>

重要提示：1. 如果您是收款方，请到工行网站 www. icbc. com. cn 电子回单验证处进行回单验证。2. 本回单不作为收款方发货依据，并请勿重复记账。3. 您可以选择发送邮件，将此电子回单发送给指定的接收人。

图4.56　网上银行电子回单

贵州增值税专用发票　　No. 28389546　5200××××××

全国统一发票监制章 贵州 国家税务总局监制

5200××××××　　65548332

开票日期：20×7年12月21日

<table>
<tr><td rowspan="4">购买方</td><td colspan="5">名　　称：贵州黔北精煤有限公司</td><td rowspan="4">密码区</td><td colspan="3" rowspan="4"></td></tr>
<tr><td colspan="5">纳税人识别号：6235791634752236B</td></tr>
<tr><td colspan="5">地 址 、电 话：贵州省六盘水市东风路32号　0858-57326498</td></tr>
<tr><td colspan="5">开户行及账号：工行六盘水黔江路支行 3562417302893321365</td></tr>
<tr><td colspan="2">货物或应税劳务、服务名称</td><td>规格型号</td><td>单位</td><td>数量</td><td>单价</td><td>金额</td><td>税率</td><td>税额</td></tr>
<tr><td colspan="2">聚酯树脂纤维复合管</td><td>300mm</td><td>千克</td><td>84 500</td><td>12.00</td><td>1 014 000.00</td><td>17%</td><td>172 380.00</td></tr>
<tr><td colspan="2">聚酯树脂纤维复合管</td><td>200mm</td><td>千克</td><td>48 400</td><td>12.00</td><td>580 800.00</td><td>17%</td><td>98 736.00</td></tr>
<tr><td colspan="2">合计</td><td></td><td></td><td></td><td></td><td>¥1 594 800.00</td><td></td><td>¥271 116.00</td></tr>
<tr><td colspan="2">价税合计（大写）</td><td colspan="7">⊗壹佰捌拾陆万伍仟玖佰壹拾陆元整　（小写）¥1 865 916.00</td></tr>
<tr><td rowspan="4">销售方</td><td colspan="6">名　　称：贵州新华管业有限公司</td><td>备注</td><td rowspan="4"></td></tr>
<tr><td colspan="6">纳税人识别号：9152010261905891C</td><td></td></tr>
<tr><td colspan="6">地 址 、电 话：贵阳市华莲路98号　0851-85942700</td><td></td></tr>
<tr><td colspan="6">开户行及账号：中国工商银行贵阳华莲路支行 13200017961608</td><td></td></tr>
</table>

第二联：发票联　购货方记账凭证

收款人：李红　　复核：王颖　　开票人：宋俊梅　　销售方：（章）

图4.57　增值税专用发票

表 4.45 **贵州新华管业有限公司产成品出库单**

购货单位：贵州黔北精煤有限公司 编号：20×71204

业务员：周峰 20×7 年 12 月 21 日 仓库：产成品仓库

品种	规格	计量单位	实发数量	备注
聚酯树脂纤维复合管	300mm	千克	84 500	
聚酯树脂纤维复合管	200mm	千克	48 400	
合计				

销售负责人：刘彩虹 仓库保管：杨彪 会计：张楠

凭证

ICBC 中国工商银行 业务回单（收款）

日期：20×7 年 12 月 21 日 回单编号：16×××0000001

付款人户名： 付款人开户行：
付款人账号（卡号）：
收款人户名：贵州新华管业有限公司 收款人开户行：中国工商银行贵阳华莲路支行
收款人账号（卡号）：13200017961608
金额：肆仟壹佰玖拾柒元玖角肆分 小写：4 197.94 元
业务（产品）种类： 凭证种类： 凭证号码：
摘要： 用途：利息收入 币种：人民币
交易机构： 记账柜员： 交易代码： 渠道：
起息日期：20×7 年 09 月 21 日 止息日期：20×7 年 12 月 20 日 利率： 利息：4 197.94
计息账户账号：13200017961608

中国工商银行股份有限公司贵阳××支行 自助回单机专用章

本回单为第 1 次打印，注意重复 打印日期：20×7 年 12 月 21 日 打印柜员： 验证码：

图 4.58 中国工商银行业务回单

中国工商银行
现金支票存根
40205210
04826477

附加信息

出票日期 年 月 日

收款人：
金额：
用地：

单位主管 会计

付款期限自出票之日起十天

中国工商银行 现金支票 04826475 40205210 04826477

出票日期（大写） 年 月 日
收款人： 付款行名称：
出票人账号：

人民币（大写）	亿	千	百	十	万	千	百	十	元	角	分

用途 密码

上列款项请从
我账户内支付

出票人签章 复核 记账

图 4.59 现金支票

表 4.46 贵州新华管业有限公司借款单

年 月 日

借款部门		借款人		职务		出差原因	
						出差地点	
借款事由		借款金额	（大写） （小写）¥				
借款人签章		部门负责人		付款方式			
财务负责人		公司负责人审批意见					

中国工商银行**委托收款凭证**（付款通知） 3

20×7 年 12 月 26 日 托收号码：No. 65204

付款人	全称	贵州新华管业有限公司	收款人	全称	贵阳市市北供电局
	账号	13200017961608		账号	13200095763821
	开户银行	中国工商银行贵阳华莲路支行		开户银行	中国工商银行贵阳大英路支行

金额	人民币 （大写）壹拾捌万壹仟伍佰贰拾元整	亿	千	百	十	万	千	百	十	元	角	分
				¥	1	8	1	5	2	0	0	0

附件		付款内容	合同名称
附寄单证张数	1	12 月电费	

备注：	付款日期：	付款行签章：
单位主管： 会计： 复核： 记账：	20×7 年 12 月 26 日	

此联是付款人开户银行交给付款人按期付款的通知

图 4.60 委托收款凭证

贵州增值税专用发票　　No. 18389651　5200××××××

5200××××××　　15389672

开票日期：20×7 年 12 月 26 日

购买方	名　　称：贵州新华管业有限公司 纳税人识别号：9152010261905891C 地 址 、电 话：贵阳市华莲路 98 号　0851-85942700 开户行及账号：中国工商银行贵阳华莲路支行 13200017961608				密码区		
货物或应税劳务、服务名称	规格型号	单位	数量	单价	金额	税率	税额
工业用电		度	226 900	0.683 8	155 145.30	17%	26 374.70
合计					¥155 145.30		¥26 374.70
价税合计（大写）	⊗壹拾捌万壹仟伍佰贰拾元整				（小写）¥181 520.00		
销售方	名　　称：贵阳市大英供电局 纳税人识别号：2136329856472210B 地 址 、电 话：贵阳市大英路 112 号　0851-95334782 开户行及账号：中国工商银行贵阳大英路支行 13200095763821				备注		

收款人：李伦成　　复核：谢宏福　　开票人：王红梅　　销售方：（章）

第二联：发票联　购货方记账凭证

图 4.61　增值税专用发票

表 4.47　　**贵州新华管业有限公司电费分配表**

20×7 年 12 月 26 日

使用部门	分配标准（元/度）	使用量（度）	分配金额（元）
生产车间	0.683 8	223 500	152 820.38
行政职能部门	0.683 8	3 400	2 324.92
合计	/	226 900	155 145.30

表 4.48 贵州新华管业有限公司领料单

领料单位：基本生产车间 20×7 年 12 月 26 日 编号：20×71205

材料名称及规格	用途	计量单位	数量	
			请领	实领
不饱和树脂	生产产品	千克	10 060	10 060
聚酯纤维	生产产品	千克	6 040	6 040
氢氧化铝	生产产品	千克	15 090	15 090
抗静电剂	生产产品	千克	400	400
促进剂	生产产品	千克	600	600
网格布	生产产品	千克	6 040	6 040
碳粉	生产产品	千克	400	400
固化剂	生产产品	千克	600	600
合计				

领料部门负责人：刘俊峰 记账：张楠 发料人：杨彪 领料人：雷洪武

表 4.49 贵州新华管业有限公司产成品入库通知单

仓库名称：产成品仓库

20×7 年 12 月 26 日 编号：20×71204

品种	规格	计量单位	数量		送验单位
			送验	实收	
聚酯树脂纤维复合管	300mm	千克	37 440	37 440	基本生产车间
聚酯树脂纤维复合管	200mm	千克	25 343	25 343	基本生产车间
合计	/	/	/	/	/

车间负责人：张红霞 仓库保管：杨彪 会计：张楠

贵州增值税普通发票　　No. 58389547　5200××××××

全国统一发票监制章 贵州 国家税务总局监制

5200××××××　　75548348

开票日期：20×7 年 12 月 26 日

购买方	名　　称：贵州新华管业有限公司 纳税人识别号：9152010261905891C 地 址 、电 话：贵阳市华莲路 98 号　0851-85942700 开户行及账号：中国工商银行贵阳华莲路支行 13200017961608	密码区					
货物或应税劳务、服务名称	规格型号	单位	数量	单价	金额	税率	税额
餐饮费					3 476. 00	3%	104. 00
合计					¥3 476. 00		¥104. 00
价税合计（大写）	⊗叁仟伍佰捌拾元整				（小写）¥3 580. 00		
销售方	名　　称：贵阳雅信餐饮公司 纳税人识别号：5478596535672156D 地 址 、电 话：贵阳市北京路 17 号　0851-83330666 开户行及账号：中国建设银行贵阳北京路支行 24570008645297	备注					

收款人：李林　　复核：王芳　　开票人：宋海　　销售方：（章）

第二联：发票联　购货方记账凭证

图 4. 62　增值税普通发票

表 4. 50　　贵州新华管业有限公司借款单

年　月　日

借款部门		借款人		职务		出差原因	
						出差地点	
借款事由		借款金额	（大写） （小写）¥				
借款人签章		部门负责人		付款方式			
财务负责人		公司负责人审批意见					

中国工商银行委托收款凭证（付款通知）　3

20×7 年 12 月 26 日　　　　托收号码：No. 65204

付款人	全称	贵州新华管业有限公司	收款人	全称	贵阳市公积金管理中心
	账号	13200017961608		账号	4326023178615943796
	开户银行	中国工商银行贵阳华莲路支行		开户银行	中国建设银行贵阳市瑞金路支行

金额	人民币（大写）贰万柒仟叁佰伍拾伍元贰角零分	亿	千	百	十	万	千	百	十	元	角	分
					¥	2	7	3	5	5	2	0

附件		付款内容	合同名称
附寄单证张数	1	职工住房公积金	

备注：	付款日期：	付款行签章：
单位主管：　会计：　复核：　记账：	20×7 年 12 月 26 日	

此联是付款人开户银行交给付款人按期付款的通知

图 4.63　委托收款凭证

贵州增值税专用发票

No. 28389546　5200××××××

全国统一发票监制章 贵州 国家税务总局监制

5200××××××　　　　65548333

开票日期：20×7 年 12 月 26 日

购买方	名　称：山东东海煤矿有限公司 纳税人识别号：8546239172568379B 地 址 、电 话：山东省济宁市解放路 33 号　0573-8354263 开户行及账号：工行山东济宁解放支行 2649325846927665036	密码区					
货物或应税劳务、服务名称	规格型号	单位	数量	单价	金额	税率	税额
聚酯树脂纤维复合管	300mm	千克	97 500	12.00	1 170 000.00	17%	198 900.00
聚酯树脂纤维复合管	200mm	千克	44 000	12.00	528 000.00	17%	89 760.00
合计					¥1 698 000.00		¥288 660.00
价税合计（大写）	⊗壹佰玖拾捌万陆仟陆佰陆拾元整				（小写）¥1 986 660.00		
销售方	名　称：贵州新华管业有限公司 纳税人识别号：9152010261905891C 地 址 、电 话：贵阳市华莲路 98 号　0851-85942700 开户行及账号：中国工商银行贵阳华莲路支行 13200017961608	备注					

收款人：李红　　复核：王颖　　开票人：宋俊梅　　销售方：（章）

第二联：发票联　购货方记账凭证

图 4.64　增值税专用发票

表 4.51　　贵州新华管业有限公司产成品出库单

购货单位：山东东海煤矿有限公司　　编号：20×71205

业务员：周峰　　20×7 年 12 月 26 日　　仓库：产成品仓库

品种	规格	计量单位	实发数量	备注
聚酯树脂纤维复合管	300mm	千克	97 500	
聚酯树脂纤维复合管	200mm	千克	44 000	
合计				

销售负责人：刘彩虹　　仓库保管：杨彪　　会计：张楠

表 4.52　　贵州新华管业有限公司元旦过节费汇总表

20×7 年 12 月 27 日　　单位：元

部门	管理人员（300 元/人）	普通员工（200 元/人）	合计
总经办	1 500.00	/	1 500.00
财务部	300.00	400.00	700.00
后勤管理部	300.00	800.00	1 100.00
供应部	300.00	400.00	700.00
销售部	300.00	800.00	1 100.00
行政人事部	300.00	200.00	500.00
技术质检部	300.00	200.00	500.00
安全生产部	300.00	200.00	500.00
生产车间	900.00	6 400.00	7 300.00
应付合计	4 500.00	9 400.00	13 900.00
代扣个人所得税			327.00
实发过节费			13 573.00

审核：蔡静　　制表：李玉龙

中国工商银行　网上银行电子回单

电子回单号码：0013-××××××××　　打印日期：20×7 年 12 月 27 日

付款人	户　名	贵州黔北精煤有限公司	收款人	户　名	贵州新华管业有限公司
	账　号	3562417302893321365		账　号	13200017961608
	开户银行	中国工商银行六盘水市黔江路支行		开户银行	中国工商银行贵阳华莲路支行
金　额	人民币（大写）：贰佰捌拾万元整　¥2 800 000.00 元				
摘　要		业务（产品）种类		跨行发报	
用　途	支付货款				
交易流水号	3201468	时间戳		20×7-12-27-14.15.11.519053	
中国工商银行 电子回单 专用章	备注： 验证码：O×fbgprRI1+5Q++krcP				
记账网点	0185	记账柜员	04726	记账日期	20×7 年 12 月 27 日

重要提示：1. 如果您是收款方，请到工行网站 www. icbc. com. cn 电子回单验证处进行回单验证。2. 本回单不作为收款方发货依据，并请勿重复记账。3. 您可以选择发送邮件，将此电子回单发送给指定的接收人。

图 4.65　网上银行电子回单

中国工商银行委托收款凭证（付款通知）　3

20×7 年 12 月 28 日　　托收号码：No. 65203

付款人	全称	贵州新华管业有限公司	收款人	全称	贵阳市自来水公司
	账号	13200017961608		账号	13200025347569
	开户银行	中国工商银行贵阳华莲路支行		开户银行	中国工商银行贵阳北京路支行

金额	人民币（大写）贰仟陆佰叁拾伍元零角贰分	亿	千	百	十	万	千	百	十	元	角	分
						¥	2	6	3	5	0	2

附件		付款内容	合同名称
附寄单证张数	1	12 月水费	

备注：	付款日期：	付款行签章：
单位主管：　会计：　复核：　记账：	20×7 年 12 月 28 日	

此联是付款人开户银行交给付款人按期付款的通知

图 4.66　委托收款凭证

贵州增值税专用发票　　No. 28389546　5200××××××

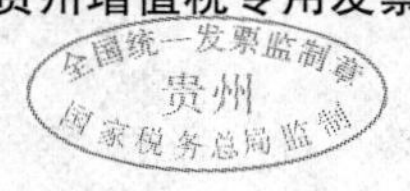

5200××××××　　65548333

开票日期：20×7 年 12 月 26 日

<table>
<tr><td rowspan="4">购买方</td><td colspan="5">名　　称：贵州新华管业有限公司</td><td rowspan="4">密码区</td><td colspan="2" rowspan="4"></td></tr>
<tr><td colspan="5">纳税人识别号：9152010261905891C</td></tr>
<tr><td colspan="5">地 址 、电 话：贵阳市华莲路 98 号　0851-85942700</td></tr>
<tr><td colspan="5">开户行及账号：中国工商银行贵阳华莲路支行 13200017961608</td></tr>
<tr><td colspan="2">货物或应税劳务、服务名称</td><td>规格型号</td><td>单位</td><td>数量</td><td>单价</td><td>金额</td><td>税率</td><td>税额</td></tr>
<tr><td colspan="2">工业用水</td><td></td><td>吨</td><td>725</td><td>3.274 3</td><td>2 373.89</td><td>11%</td><td>261.13</td></tr>
<tr><td colspan="2">合计</td><td></td><td></td><td></td><td></td><td>¥2 373.89</td><td></td><td>¥261.13</td></tr>
<tr><td colspan="2">价税合计（大写）</td><td colspan="7">⊗贰仟陆佰叁拾伍元零贰分　　（小写）¥2 635.02</td></tr>
<tr><td rowspan="4">销售方</td><td colspan="6">名　　称：贵阳市自来水公司</td><td rowspan="4">备注</td><td rowspan="4"></td></tr>
<tr><td colspan="6">纳税人识别号：9252010262906981A</td></tr>
<tr><td colspan="6">地 址 、电 话：贵阳市北京路 38 号　0851-83330666</td></tr>
<tr><td colspan="6">开户行及账号：中国工商银行贵阳市北京路支行 13200025347569</td></tr>
</table>

收款人：刘筑均　　复核：谢菲菲　　开票人：李兰芳　　销售方：（章）

第二联：发票联　购货方记账凭证

图 4.67　增值税专用发票

表 4.53　　贵州新华管业有限公司水费分配表

使用部门	分配标准（元/吨）	使用量（吨）	分配金额（元）
生产车间	3.274 3	677	2 216.72
行政职能部门	3.274 3	48	157.17
合计	/	725	2 373.89

凭证

ICBC　中国工商银行　业务回单（收款）

日期：20×7 年 12 月 28 日　　回单编号：17×××0000002

付款人户名：贵州新华管业有限公司　　付款人开户行：中国工商银行贵阳华莲路支行
付款人账号（卡号）：13200017961608
收款人户名：　　收款人开户行：
收款人账号（卡号）：13200017961608
金额：贰佰陆拾伍元整　　小写：265.00 元
业务（产品）种类：　　凭证种类：　　凭证号码：00000000000000000
摘要：对公收费明细入账　　用途：手续费　　币种：人民币
交易机构：02×××××××8　　记账柜员：00001　　交易代码：　　渠道：批量业务
产品名称：
费用名称：　　应收金额：265.00
实收金额：265.00　　收费渠道：
业务发生账号：13200017961608

中国工商银行股份有限公司贵阳××支行
自助回单机专用章

本回单为第 1 次打印，注意重复　　打印日期：20×7 年 12 月 28 日　　打印柜员：　　验证码：

图 4.68　中国工商银行业务回单

表 4.54　　**贵州新华管业有限公司产成品入库通知单**

仓库名称：产成品仓库

20×7 年 12 月 30 日　　编号：20×71205

品种	规格	计量单位	数量		送验单位
			送验	实收	
聚酯树脂纤维复合管	300mm	千克	18 720	18 720	基本生产车间
聚酯树脂纤维复合管	200mm	千克	12 672	12 672	基本生产车间
合计	/	/	/	/	/

车间负责人：张红霞　　仓库保管：杨彪　　会计：张楠

表 4.55　　**盘存单**

单位名称：贵州新华管业有限公司　　盘点时间：20×7 年 12 月 30 日　编号：

财产类别：原材料　　存放地点：仓库

序号	名称	规格型号	计量单位	实存数量	单价	金额	备注
1	固化剂		千克				

表 4.56　　**实存账存对比表**

单位名称：贵州新华管业有限公司　　盘点时间：20×7 年 12 月 30 日　编号：

财产类别：原材料　　存放地点：仓库

实存金额	账存金额	实存账存对比		备注
		盘盈	盘亏	
			50 千克	仓库保管员承担 500 元已收现，其余损失计入管理费用

表 4.57　　贵州新华管业有限公司固定资产折旧计算表

20×7 年 12 月 31 日　　单位：元

使用部门	固定资产项目	上月折旧	上月增加固定资产		上月减少固定资产		本月折旧额
			原价	月折旧额	原价	月折旧额	
行政管理部门	办公楼	6 333.33					
	电脑	1 250.00					
	办公家具	2 083.33					
	轿车	5 106.25					
	运输车辆	3 536.64					
	小计	18 309.55					
生产车间	1 号厂房	11 875.00					
	2 号厂房	11 083.33					
	搅拌罐	712.50					
	缠绕机	791.67					
	制管模具	950.00					
	膜管机	791.67					
	拖膜机	791.67					
	法兰盘模具	2 375.00					
	小计	29 370.84					
合计		47 680.39					

表 4.58　　贵州新华管业有限公司职工工资分配汇总表

20×7 年 12 月 31 日　　单位：元

借方科目	明细科目	计时工资	计件工资	奖金	补贴	其他	职工薪酬费用
生产成本	直接人工		78 479.70	41 271.83	3 200.00		122 951.53
制造费用	工资	10 000.00		6 500.00	300.00		16 800.00
管理费用	工资	100 000.00		50 000.00	2 200.00	1 000.00	153 200.00
销售费用	工资	8 000.00		10 500.00	500.00		19 000.00
合计		118 000.00	78 479.70	108 271.83	6 200.00	1 000.00	311 951.53

审核：　　制表：

表 4.59　　贵州新华管业有限公司职工福利费分配汇总表

20×7 年 12 月 31 日　　单位：元

借方科目	明细科目	职工福利费
生产成本	直接人工	
制造费用	职工福利费	
管理费用	职工福利费	
销售费用	职工福利费	
合计		

表 4.60　　贵州新华管业有限公司职工社会保险费分配汇总表

20×7 年 12 月 31 日　　单位：元

借方科目	明细科目	职工薪酬费用	养老保险	失业保险	医疗保险	工伤保险	生育保险	合计
生产成本	直接人工	122 951.53						
制造费用	工资	16 800.00						
管理费用	工资	153 200.00						
销售费用	工资	19 000.00						
合计		311 951.53						

表 4.61　　贵州新华管业有限公司职工住房公积金分配汇总表

20×7 年 12 月 31 日　　单位：元

借方科目	明细科目	职工薪酬费用	住房公积金
生产成本	直接人工	122 951.53	6 147.58
制造费用	工资	16 800.00	840.00
管理费用	工资	153 200.00	7 660.00
销售费用	工资	19 000.00	950.00
合计		311 951.53	15 597.58

表 4.62　　贵州新华管业有限公司工会经费分配汇总表

20×7 年 12 月 31 日　　单位：元

借方科目	明细科目	职工薪酬费用	工会经费
生产成本	直接人工	122 951.53	
制造费用	工会经费	16 800.00	
管理费用	工会经费	153 200.00	
销售费用	工会经费	19 000.00	
合计		311 951.53	

表 4.63　　贵州新华管业有限公司职工教育经费分配汇总表

20×7 年 12 月 31 日　　单位：元

借方科目	明细科目	职工薪酬费用	职工教育经费
生产成本	直接人工	122 951.53	
制造费用	职工教育经费	16 800.00	
管理费用	职工教育经费	153 200.00	
销售费用	职工教育经费	19 000.00	
合计		311 951.53	

表 4.64　　贵州新华管业有限公司制造费用分配表

20×7 年 12 月 31 日　　单位：元

借方科目	明细科目	产品产量（分配标准）	分配率	制造费用
生产成本	300mm 复合管	156 002		
生产成本	200mm 复合管	105 597		
	小计	261 599		

表 4.65　　贵州新华管业有限公司产成品入库汇总表

仓库名称：产成品仓库　　20×7 年 12 月 31 日　　附件　5　张

品种	规格	计量单位	数量		送验单位
			送验	实收	
聚酯树脂纤维复合管	300mm	千克			基本生产车间
聚酯树脂纤维复合管	200mm	千克			基本生产车间
合计	/	/	/	/	/

车间负责人：张红霞　　仓库保管：杨彪　　会计：张楠

表 4.66　　贵州新华管业有限公司生产成本计算单

品种：300mm 聚酯树脂纤维复合管　　完工产品：　　月末在产品

成本项目	直接材料费	直接人工费	制造费用	合计
期初在产品成本				
本月费用				
费用合计				
费用分配率				
完工产品成本				
月末在产品成本				

制表：　　审核：

表 4.67　　贵州新华管业有限公司生产成本计算单

品种：200mm 聚酯树脂纤维复合管　　完工产品：　　月末在产品

成本项目	直接材料费	直接人工费	制造费用	合计
期初在产品成本				
本月费用				
费用合计				
费用分配率				
完工产品成本				
月末在产品成本				

制表：　　审核：

表 4.68　　贵州新华管业有限公司入库完工产品成本汇总表

20×7 年 12 月 31 日

品种	规格	计量单位	数量		实际总成本	单位成本
			送验	实收		
聚酯树脂纤维复合管	300mm	千克				
聚酯树脂纤维复合管	200mm	千克				
合计	/	/	/	/		/

制表：　　审核：

表 4.69　　贵州新华管业有限公司已销产品成本汇总表

20×7 年 12 月 31 日　　附件：5 张

产品名称	计量单位	已销售数量	单位成本（全月一次加权平均法）	销售总成本
300mm 复合管	千克			
300mm 复合管	千克			
合计				

表 4.70　　贵州新华管业有限公司国债利息收益计算表

20×7 年 12 月 31 日

项目	面 值	期限	利息率	付息时间	取得时间	下半年利息
持有至到期投资—国库券	200 000.00	3 年	6%	半年付息一次	2015 年 7 月 1 日	
合计						

财务负责人：　　审核：　　制表：

表 4.71　　贵州新华管业有限公司无形资产价值摊销计算表

20×7 年 12 月 31 日

项目	原始价值	取得时间	摊销期限	本月摊销额
合计	/	/	/	

财务负责人：　　审核：　　制表：

表 4.72　　贵州新华管业有限公司应交增值税计算表

20×7 年 12 月 31 日

项目	销项税	进项税	应交增值税
销售产品			
其他销售业务			
购进原材料			
支付运费			
购入电脑			
购入缠绕机			
计算机维护			
车间设备维修			

表4.72(续)

项目	销项税	进项税	应交增值税
支付水费			
支付电费			
合计			

财务负责人：　　　　审核：　　　　制表：

表 4.73　**贵州新华管业有限公司应交销售税费计算表**

20×7 年 12 月 31 日

项目	计税依据（应交增值税税额）	计税（费）率	应交销售税费额
城市维护建设税		7%	
教育费附加		3%	
地方教育费附加		2%	
合计			

财务负责人：　　　　审核：　　　　制表：

表 4.74　**贵州新华管业有限公司坏账准备计提表**

20×7 年 12 月 31 日

账龄	应收账款金额	坏账准备计提率	坏账准备计提额	调整前坏账准备余额	坏账准备实际计提额
账龄 1 年内	5 883 229. 40	1%	5 883. 23		
账龄 1 年以上	1 263 500. 00	10%	126 350. 00		
合计	7 146 729. 40	/	132 233. 23	58 000. 00	74 233. 23

财务负责人：　　　　审核：　　　　制表：

表 4.75　　贵州新华管业有限公司借款利息计提表

20×7 年 12 月 31 日

借款	借款金额	利率	借款日	应付利息	利息支付方式
流动资金借款	1 000 000.00	6%	2016.11.01		每季末支付
流动资金借款	500 000.00	6%	2016.12.15		每季末支付
长期借款	6 000 000.00	9%	2015.4.30		每年末支付
合计	6 500 000.00	/			

凭证

ICBC　中国工商银行　业务回单（付款）

日期：20×7 年 12 月 21 日　　回单编号：16×××0000002

付款人户名：贵州新华管业有限公司　　付款人开户行：中国工商银行贵阳华莲路支行
付款人账号（卡号）：13200017961608
收款人户名：中国工商银行贵阳华莲路支行　　收款人开户行：中国工商银行贵阳华莲路支行
收款人账号（卡号）：15623545896584
金额：伍拾伍万壹仟贰佰伍拾元整　　小写：551 250.00 元
业务（产品）种类：贷款利息　　凭证种类：000000000　　凭证号码：
摘要：利息收入入账　　用途：归还借款利息　　币种：
交易机构：0185　　记账柜员：038546　　交易代码：680036　　渠道：
产品名称：
费用名称：归还借款利息　　应收金额：30 000.00
实收金额：551 250.00　　收费渠道：
业务发生账号：13200017961608

中国工商银行股份有限公司贵阳××支行 自助回单机专用章

本回单为第 1 次打印，注意重复　　打印日期：20×7 年 12 月 24 日　　打印柜员：　　验证码：

图 4.69　中国工商银行业务回单

表 4.76　　贵州新华管业有限公司收入科目汇总表

20×7 年 12 月 31 日

序号	收入性损益科目	金额
1	主营业务收入	
2	其他业务收入	
3	投资收益（收入）	
4	公允价值变动损益（收入）	
5	营业外收入	
6	合　计	

财务负责人：　　审核：　　制表：

表 4.77　　　　贵州新华管业有限公司费用科目汇总表

20×7 年 12 月 31 日

序号	费用性损益科目	金额
1	主营业务成本	
2	其他业务成本	
3	税金及附加	
4	投资收益（损失）	
5	公允价值变动损益（损失）	
6	资产减值损失	
7	管理费用	
8	销售费用	
9	财务费用	
10	营业外支出	
	合　计	

财务负责人：　　　　审核：　　　　制表：

表 4.78　　　　贵州新华管业有限公司所得税计算表

20×7 年 12 月 31 日

序号	项目	金额
1	1—12 月税前会计利润	
2	所得税税率	
3	应交所得税	
4	本年已交所得税	
5	本季应交所得税	

财务负责人：　　　　审核：　　　　制表：

表 4.79　　　　贵州新华管业有限公司盈余公积计提计算表

20×7 年 12 月 31 日

项目	计提依据			计提率	计提金额
	本年净利润	以前年度未弥补亏损	计提依据		
法定盈余公积				10%	
任意盈余公积				0	
合计					

财务负责人：　　　　审核：　　　　制表：

表 4.80　　贵州新华管业有限公司利润结转计算表

20×7 年 12 月 31 日

利润实现情况		利润分配情况	
项目	金额	项目	金额
年初未分配利润		提取法定盈余公积	
本年实现净利		提取任意盈余公积	
本年分配利润		应付股利	
年末未分配利润		合计	

财务负责人：　　审核：　　制表：

第五部分　参考答案

一、会计分录及计算表格

1. 凭证 1 号

借：库存现金　　20 000.00

　贷：银行存款　　20 000.00

2.

表 5.1　贵州新华管业有限公司采购费用分配表

20×7 年 12 月 1 日　　单位：元

项目 / 材料名称	分配标准（重量）	分配率	分配金额	备注
不饱和树脂	50 000		10 000.00	
固化剂	3 000		600.00	
促进剂	3 000		600.00	
合计	56 000	0.2	11 200.00	

凭证 2 号

借：原材料——不饱和树脂　　485 000.00

　　　　——固化剂　　46 500.00

　　　　——促进剂　　46 500.00

　应交税费——应交增值税（进项税额）　　97 588.00

　贷：应付账款——四川新利化工有限公司　　663 156.00

　　　银行存款　　12 432.00

3. 凭证 3 号

借：生产成本——直接材料　　287 560.00

　贷：原材料——不饱和树脂　　120 780.00

　　　　　——聚酯纤维　　20 125.00

　　　　　——氢氧化铝　　70 420.00

　　　　　——抗静电剂　　12 960.00

　　　　　——促进剂　　12 150.00

　　　　　——网格布　　28 175.00

　　　　　——碳粉　　10 800.00

　　　　　——固化剂　　12 150.00

4. 凭证 4 号

借：银行存款　587 000.00

　贷：应收账款——贵阳友谊机械厂　587 000.00

5. 凭证 5 号

借：应收账款——贵州黔北精煤有限公司　245 419.20

　贷：主营业务收入——300mm　93 600.00

　　——200mm　116 160.00

　　应交税费——应交增值税（销项税额）　35 659.20

凭证 6 号

借：应收账款——贵州黔北精煤公司　3 000.00

　贷：银行存款　3 000.00

6. 凭证 7 号

借：财务费用——手续费　35.00

　贷：银行存款　35.00

7. 凭证 8 号

借：原材料——氢氧化铝　180 000.00

　　——抗静电剂　48 400.00

　应交税费——应交增值税（进项税额）　38 828.00

　贷：应付账款——贵州胜利阻燃材料有限公司　267 228.00

8. 凭证 9 号

借：原材料——聚酯纤维　79 500.00

　应交税费——应交增值税（进项税额）　330.00

　贷：在途材料——聚酯纤维　76 500.00

　　银行存款　3 330.00

9. 凭证 10 号

借：管理费用——办公费　658.00

　贷：库存现金　658.00

10. 凭证 11 号

借：原材料——网格布　108 000.00

　应交税费——应交增值税（进项税额）　18 360.00

　贷：应付账款——重庆高峰防水材料有限公司　126 360.00

11. 凭证 12 号

借：生产成本——直接材料　434 850.00

　贷：原材料——不饱和树脂　183 606.50

　　——聚酯纤维　30 519.50

　　——氢氧化铝　106 196.00

　　——抗静电剂　19 470.00

　　——促进剂　18 105.00

——网格布　42 493.00

——碳粉　16 200.00

——固化剂　18 260.00

12. 无须做记账凭证，但需在库存商品明细账中进行数量登记。

13. 凭证 13 号

借：管理费用——差旅费　12 050.00

贷：其他应收款——李军　12 000.00

库存现金　50.00

14. 凭证 14 号

借：应收账款——贵阳友谊机械厂　137 311.20

贷：主营业务收入——300mm　117 360.00

应交税费——应交增值税（销项税额）　19 951.20

15. 凭证 15 号

借：银行存款　1 000 000.00

贷：应收账款——贵州黔北精煤有限公司　1 000 000.00

16. 凭证 16 号

借：应交税费——未交增值税　167 425.00

——应交教育费附加　5 022.75

——应交地方教育费附加　3 348.50

贷：银行存款　175 796.25

凭证 17 号

借：应交税费——应交个人所得税　1 548.20

——应交城市维护建设税　11 719.75

贷：银行存款　13 267.95

17. 凭证 18 号

借：其他应收款——王强　5 000.00

贷：银行存款　5 000.00

18. 凭证 19 号

借：应收账款——山东东海煤矿有限公司　308 880.00

贷：主营业务收入——200mm　264 000.00

应交税费——应交增值税（销项税额）　44 880.00

19. 凭证 20 号

借：管理费用——业务招待费　2 750.00

贷：库存现金　2 750.00

20. 凭证 21 号

借：管理费用——通信费　785.00

贷：库存现金　785.00

21. 凭证 22 号

借：固定资产——办公设备类——电脑　3 059.82
　应交税费——应交增值税（进项税额）　520.18
　贷：银行存款　3 580.00

22. 凭证 23 号

借：应付职工薪酬——工资　321 800.00
　贷：银行存款　276 206.68
　　应付职工薪酬——社会保险费（个人缴纳）　30 090.72
　　应付职工薪酬——公积金（个人缴纳）　13 677.60
　　应交税费——应交个人所得税　1 825.00

23. 凭证 24 号

借：原材料——碳粉　71 750.00
　应交税费——应交增值税（进项税额）　12 197.50
　贷：银行存款　83 947.50

24. 凭证 25 号

借：短期借款——工行贵阳华莲路支行　1 000 000.00
　贷：银行存款　1 000 000.00

凭证 26 号

借：财务费用——利息费　1 500.00
　应付利息　28 500.00
　贷：银行存款　30 000.00

25. 凭证 27 号

借：制造费用——修理费　12 820.51
　应交税费——应交增值税（进项税额）　2 179.49
　贷：银行存款　15 000.00

26. 凭证 28 号

借：销售费用——广告策划费　10 000.00
　贷：银行存款　10 000.00

27. 凭证 29 号

借：原材料——氢氧化铝　144 000.00
　应交税费——应交增值税（进项税额）　24 480.00
　贷：应付账款——贵州胜利阻燃材料有限公司　168 480.00

28. 凭证 30 号

借：生产成本——直接材料　452 883.50
　贷：原材料——不饱和树脂　195 212.50
　　——聚酯纤维　32 012.00
　　——氢氧化铝　108 684.00
　　——抗静电剂　19 602.00
　　——促进剂　18 600.00

——网格布　43 488. 00

——碳粉　16 530. 00

——固化剂　18 755. 00

29. 无须做记账凭证，但需在库存商品明细账中进行数量登记。

30. 凭证 31 号

借：应付账款——四川新利化工有限公司　405 054. 00

　贷：银行存款　405 054. 00

31. 凭证 32 号

借：固定资产——（设备类）缠绕机　100 000. 00

　　应交税费——应交增值税（进项税额）　17 000. 00

　贷：银行存款　117 000. 00

32. 凭证 33 号

借：应付职工薪酬——职工教育经费　20 000. 00

　贷：银行存款　20 000. 00

33. 凭证 34 号

借：银行存款　2 000 000. 00

　贷：应收账款——山东东海煤矿有限公司　2 000 000. 00

34. 凭证 35 号

借：管理费用——差旅费　4 600. 00

　　库存现金　400. 00

　贷：其他应收款——王强　5 000. 00

35. 凭证 36 号

借：银行存款　500 000. 00

　贷：短期借款——工商银行华莲路支行流动资金借款　500 000. 00

36. 凭证 37 号

表 5. 2　**贵州新华管业有限公司采购费用分配表**

20×7 年 12 月 16 日　单位：元

项目 / 材料名称	分配标准（重量）	分配率	分配金额	备注
不饱和树脂	30 000		6 000. 00	
固化剂	2 000		400. 00	
促进剂	2 000		400. 00	
合计	34 000	0. 2	6 800. 00	

借：原材料——不饱和树脂　291 000. 00

　　原材料——固化剂　31 000. 00

　　原材料——促进剂　31 000. 00

应交税费——应交增值税（进项税额）　59 602.00
贷：应付账款——四川新利化工有限公司　405 054.00
银行存款　7 548.00

37. 凭证 38 号
借：应付职工薪酬——社会保险费（单位缴纳）　84 254.02
应付职工薪酬——社会保险费（个人缴纳）　30 090.72
贷：银行存款　114 344.74

38. 凭证 39 号
借：营业外支出　20 000.00
贷：银行存款　20 000.00

39. 凭证 40 号
借：原材料——氢氧化铝　144 000.00
原材料——抗静电剂　36 300.00
应交税费——应交增值税（进项税额）　30 651.00
贷：应付账款——贵州胜利阻燃材料有限公司　210 951.00

40. 凭证 41 号
借：原材料——网格布　77 000.00
应交税费——应交增值税（进项税额）　12 240.00
贷：应付账款——重庆高峰防水材料有限公司　89 240.00

41. 凭证 42 号
借：管理费用——维修费　3 000.00
应交税费——应交增值税（进项税额）　180.00
贷：银行存款　3 180.00

42. 凭证 43 号
借：生产成本——直接材料　452 958.50
贷：原材料——不饱和树脂　195 212.50
——聚酯纤维　32 012.00
——氢氧化铝　108 684.00
——抗静电剂　19 602.00
——促进剂　18 600.00
——网格布　43 488.00
——碳粉　16 605.00
——固化剂　18 755.00

43. 无须做记账凭证，但需在库存商品明细账中进行数量登记。

44. 凭证 44 号
借：原材料——聚酯纤维　55 000.00
应交税费——应交增值税（进项税额）　9 110.00
贷：银行存款　64 110.00

45. 凭证 45 号

借：制造费用——修理费 20 000. 00

应交税费——应交增值税（进项税额） 3 400. 00

贷：银行存款 23 400. 00

46. 凭证 46 号

借：应付账款——贵州胜利阻燃材料有限公司 3 000 000. 00

——贵阳捷达石墨制品有限公司 129 600. 00

贷：银行存款 3 129 600. 00

47. 凭证 47 号

借：应收账款——贵州黔北精煤有限公司 1 865 916. 00

贷：主营业务收入——300mm 1 014 000. 00

——200mm 580 800. 00

应交税费——应交增值税（销项税额） 271 116. 00

48. 凭证 48 号

借：银行存款 4 197. 94

贷：财务费用 4 197. 94

49. 凭证 49 号

借：库存现金 30 000. 00

贷：银行存款 30 000. 00

50. 凭证 50 号

借：其他应收款——李军 25 000. 00

贷：库存现金 25 000. 00

51.

表 5.3 贵州新华管业有限公司电费分配表

20×7 年 12 月 26 日 单位：元

项目 分配部门	用电度数/千瓦时	分配率	分配金额	备注
行政管理部门	3 400		2 324. 92	
车间	223 500		152 820. 38	
合计	226 900	0. 683 8	155 145. 30	

凭证 51 号

借：制造费用——水电费 152 820. 38

管理费用——水电费 2 324. 92

应交税费——应交增值税（进项税额） 26 374. 70

贷：银行存款 181 520. 00

52. 凭证 52 号

借：生产成本——直接材料 226 951. 50

贷：原材料——不饱和树脂 97 582.00

——聚酯纤维 16 239.00

——氢氧化铝 54 324.00

——抗静电剂 9 680.00

——促进剂 9 300.00

——网格布 22 326.50

——碳粉 8 200.00

——固化剂 9 300.00

53. 无须做记账凭证，但需在库存商品明细账中进行数量登记。

54. 凭证 53 号

借：管理费用——业务招待费 3 580.00

贷：库存现金 3 580.00

55. 凭证 54 号

借：应付职工薪酬——住房公积金（单位缴纳） 13 677.60

应付职工薪酬——住房公积金（个人缴纳） 13 677.60

贷：银行存款 27 355.20

56. 凭证 55 号

借：应收账款——山东东海煤矿有限公司 1 986 660.00

贷：主营业务收入——300mm 1 170 000.00

——200mm 528 000.00

应交税费——应交增值税（销项税额） 288 660.00

57. 凭证 56 号

借：应付职工薪酬——福利费 13 900.00

贷：银行存款 13 573.00

应交税费——应交个人所得税 327.00

58. 凭证 57 号

借：银行存款 2 800 000.00

贷：应收账款——贵州黔北精煤有限公司 2 800 000.00

59.

表 5.4 贵州新华管业有限公司水费分配表

20×7 年 12 月 28 日 单位：元

项目 分配部门	用水量/吨	分配率	分配金额	备注
行政管理部门	48		157.17	
车间	677		2 216.72	
合计	725	3.274 3	2 373.89	

凭证 58 号

借：管理费用——水电费　　157.17

　　制造费用——水电费　　2 216.72

　　应交税费——应交增值税（进项税额）　　261.13

　贷：银行存款　　2 635.02

60. 凭证 59 号

借：财务费用　　265.00

　贷：银行存款　　265.00

61. 无须做记账凭证，但需在库存商品明细账中进行数量登记。

62. 凭证 60 号

借：待处理财产损溢——待处理流动资产损溢　　906.75

　贷：原材料——固化剂　　775.00

　　　应交税费——应交增值税（进项税额转出）　　131.75

凭证 61 号

借：库存现金　　500.00

　　管理费用——其他　　406.75

　贷：待处理财产损溢——待处理流动资产损溢　　906.75

63. 12 月 30 日，计提本月固定资产折旧费。

表 5.5　　贵州新华管业有限公司固定资产折旧计算表

20×7 年 12 月 31 日　　单位：元

使用部门	固定资产项目	上月折旧	上月增加固定资产		上月减少固定资产		本月折旧额
			原价	月折旧额	原价	月折旧额	
行政管理部门	办公楼	6 333.33					6 333.33
	电脑	1 250.00					1 250.00
	办公家具	2 083.33					2 083.33
	轿车	5 106.25					5 106.25
	运输车辆	3 536.64					3 536.64
	小计	18 309.55					18 309.55

表5.5(续)

使用部门	固定资产项目	上月折旧	上月增加固定资产		上月减少固定资产		本月折旧额
			原价	月折旧额	原价	月折旧额	
生产车间	1号厂房	11 875.00					11 875.00
	2号厂房	11 083.33					11 083.33
	搅拌罐	712.50					712.50
	缠绕机	791.67					791.67
	制管模具	950.00					950.00
	膜管机	791.67					791.67
	拖膜机	791.67					791.67
	法兰盘模具	2 375.00					2 375.00
	小计	29 370.84					29 370.84
合计		47 680.39					47 680.39

凭证62号

借：制造费用——折旧费　　29 370.84

　　管理费用——折旧费　　18 309.55

　贷：累计折旧　　47 680.39

64.

表5.6　**贵州新华管业有限公司职工工资分配汇总表**

20×7年12月31日　　单位：元

借方科目	明细科目	计时工资	计件工资	奖金	补贴	其他	职工薪酬费用
生产成本	直接人工		78 479.70	41 271.83	3 200.00		122 951.53
制造费用	工资	10 000.00		6 500.00	300.00		16 800.00
管理费用	工资	100 000.00		50 000.00	2 200.00	1 000.00	153 200.00
销售费用	工资	8 000.00		10 500.00	500.00		19 000.00
合计		118 000.00	78 479.70	108 271.83	6 200.00	1 000.00	311 951.53

审核：　　制表：

凭证63号

借：生产成本——直接人工　　122 951.53

　　制造费用——工资及福利费　　16 800.00

　　管理费用——工资及福利费　　153 200.00

　　销售费用——工资及福利费　　19 000.00

　贷：应付职工薪酬——应付工资　　311 951.53

表 5.7　　贵州新华管业有限公司职工过节费分配汇总表

20×7 年 12 月 31 日　　单位：元

借方科目	明细科目	总经办	财务部	后勤管理部	供应部	销售部	行政人事部	技术质检部	安全生产部	生产车间	合计
生产成本	直接人工									6 400	6 400
制造费用	工资									900	900
管理费用	工资	1 500	700	1 100	700		500	500	500		5 500
销售费用	工资					1 100					1 100
合计										13 900	

审核：　　制表：

凭证 64 号

借：生产成本——直接人工　6 400.00

　　制造费用——工资及福利费　900.00

　　管理费用——工资及福利费　5 500.00

　　销售费用——工资及福利费　1 100.00

　贷：应付职工薪酬——应付福利费　13 900.00

表 5.8　　贵州新华管业有限公司职工社会保险费分配汇总表

20×7 年 12 月 31 日　　单位：元

借方科目	明细科目	职工薪酬费用	养老保险	失业保险	医疗保险	工伤保险	生育保险	合计
生产成本	直接人工	122 951.53	24 590.31	2 459.03	9 221.36	737.71	860.66	37 869.07
制造费用	工资	16 800.00	3 360.00	336.00	1 260.00	100.80	117.60	5 174.40
管理费用	工资	153 200.00	30 640.00	3 064.00	11 490.00	919.20	1 072.40	47 185.60
销售费用	工资	19 000.00	3 800.00	380.00	1 425.00	114.00	133.00	5 852.00
合计		311 951.53	62 390.31	6 239.03	23 396.36	1 871.71	2 183.66	96 081.07

凭证 65 号

借：生产成本——直接人工　37 869.07

　　制造费用——社会保险费　5 174.40

　　管理费用——社会保险费　47 185.60

销售费用——社会保险费　　5 852.00

贷：应付职工薪酬——社会保险费（单位缴纳）　　96 081.07

表 5.9　　**贵州新华管业有限公司职工住房公积金分配汇总表**

20×7 年 12 月 31 日　　单位：元

借方科目	明细科目	职工薪酬费用	住房公积金
生产成本	直接人工	122 951.53	6 147.58
制造费用	工资	16 800.00	840.00
管理费用	工资	153 200.00	7 660.00
销售费用	工资	19 000.00	950.00
合计		311 951.53	15 597.58

审核：　　制表：

凭证 66 号

借：生产成本——直接人工　　6 147.58

制造费用——住房公积金　　840.00

管理费用——住房公积金　　7 660.00

销售费用——住房公积金　　950.00

贷：应付职工薪酬——住房公积金（单位缴纳）　　15 597.58

表 5.10　　**贵州新华管业有限公司工会经费分配汇总表**

20×7 年 12 月 31 日　　单位：元

借方科目	明细科目	职工薪酬费用	工会经费
生产成本	直接人工	122 951.53	2 459.03
制造费用	工会经费	16 800.00	336.00
管理费用	工会经费	153 200.00	3 064.00
销售费用	工会经费	19 000.00	380.00
合计		311 951.53	6 239.03

凭证 67 号

借：生产成本——直接人工　　2 459.03

制造费用——工会经费　　336.00

管理费用——工会经费　　3 064.00

销售费用——工会经费　　380.00

贷：应付职工薪酬——工会经费　　6 239.03

表 5.11　　贵州新华管业有限公司职工教育经费分配汇总表

20×7 年 12 月 31 日　　单位：元

借方科目	明细科目	职工薪酬费用	职工教育经费
生产成本	直接人工	122 951.53	1 844.27
制造费用	职工教育经费	16 800.00	252.00
管理费用	职工教育经费	153 200.00	2 298.00
销售费用	职工教育经费	19 000.00	285.00
合计		311 951.53	4 679.27

凭证 68 号

借：生产成本——直接人工　1 844.27

　　制造费用——职工教育经费　252.00

　　管理费用——职工教育经费　2 298.00

　　销售费用——职工教育经费　285.00

　贷：应付职工薪酬——职工教育经费　4 679.27

65. 凭证 69 号

借：生产成本——制造费用　241 530.85

　贷：制造费用　241 530.85

66. 12 月 31 日，计算结转完工产品成本。

表 5.12　　贵州新华管业有限公司生产成本计算表

20×7 年 12 月 31 日　　单位：元

分配对象	产品产量（KG）	直接材料费		直接人工费		制造费用		成本合计
		分配率	材料费用	分配率	人工费用	分配率	制造费用	
300mm 复合管	156 002		1 106 334.98		105 952.65		144 036.65	1 356 324.28
200mm 复合管	105 597		748 868.52		71 718.83		97 494.20	918 081.55
小计	261 599	7.091 8	1 855 203.50	0.679 2	177 671.48	0.923 3	241 530.85	2 274 405.83

凭证 70 号

借：库存商品——300mm　1 356 324.28

　　库存商品——200mm　918 081.55

　贷：生产成本——直接材料　1 855 203.50

　　　生产成本——直接人工　177 671.48

　　　生产成本——制造费用　241 530.85

67. 凭证 71 号

借：主营业务成本——300mm　1 696 430.00

　　主营业务成本——200mm　1 024 900.80

贷：库存商品——300mm　　1 696 430.00

　　库存商品——200mm　　1 024 900.80

68. 凭证 72 号

借：应收利息——东方公司　　6 000.00

　贷：投资收益　　6 000.00

69. 凭证 73 号

借：管理费用——无形资产摊销　　15 000.00

　贷：累计摊销　　15 000.00

70. 凭证 74 号

借：应交税费——应交增值税（转出未交增值税）　　307 096.15

　贷：应交税费——未交增值税　　307 096.15

71. 凭证 75 号

借：税金及附加　　36 845.84

　贷：应交税费——应交城建税　　21 493.41

　　　　　　——应交教育费附加　　9 211.46

　　　　　　——应交地方教育费附加　　6 140.97

72.

表 5.13　　**贵州新华管业有限公司坏账准备计提表**

20×7 年 12 月 31 日　　单位：元

账龄	应收账款金额	坏账准备计提率	坏账准备计提额	调整前坏账准备余额	坏账准备实际计提额
账龄 1 年内	6 883 229.40	3%	206 496.88		
账龄 1 年以上	263 500.00	10%	26 350.00		
合计	7 146 729.40	/	232 846.88	58 000.00	174 846.88

财务负责人：　　审核：　　制表：

凭证 76 号

借：资产减值损失　　174 846.88

　贷：坏账准备　　174 846.88

73.

表 5.14　　**贵州新华管业有限公司借款利息计提表**

20×7 年 12 月 31 日　　单位：元

借款	借款金额	利率	借款日	应付利息/月	利息支付方式
流动资金借款	1 000 000.00	6%	2016.11.01	5 000.00	每季末支付
流动资金借款	500 000.00	6%	2016.12.15	1 250.00	每季末支付
长期借款	6 000 000.00	9%	2015.4.30	45 000.00	每年末支付
合计	6 500 000.00	/		51 250.00	

凭证 77 号

借：财务费用——利息费用　　51 250.00

　贷：应付利息　　51 250.00

凭证 78 号

借：应付利息　　551 250.00

　贷：银行存款　　551 250.00

74.

表 5.15　**贵州新华管业有限公司收入科目汇总表**

20×7 年 12 月 31 日　　单位：元

序号	收入性损益科目	金额
1	主营业务收入	3 883 920.00
2	其他业务收入	
3	投资收益（收入）	6 000.00
4	公允价值变动损益（收入）	
5	营业外收入	
6	合计	3 889 920.00

财务负责人：　　审核：　　制表：

凭证 79 号

借：主营业务收入——300mm　　2 394 960.00

　　主营业务收入——200mm　　1 488 960.00

　　投资收益　　6 000.00

　贷：本年利润　　3 889 920.00

表 5.16　**贵州新华管业有限公司费用科目汇总表**

20×7 年 12 月 31 日　　单位：元

序号	费用性损益科目	金额
1	主营业务成本	2 721 330.80
2	其他业务成本	
3	税金及附加	36 854.84
4	投资收益（损失）	
5	公允价值变动损益（损失）	
6	资产减值损失	174 846.88
7	管理费用	282 528.99
8	销售费用	37 567.00
9	财务费用	48 852.06
10	营业外支出	20 000.00
	合计	3 321 971.57

财务负责人：　　审核：　　制表：

凭证 80 号

借：本年利润　　3 321 971.57

　贷：主营业务成本——300mm　　1 696 430.00

　　主营业务成本——200mm　　1 024 900.80

　　税金及附加　　36 845.84

　　管理费用　　282 528.99

　　销售费用　　37 567.00

　　财务费用　　48 852.06

　　资产减值损失　　174 846.88

　　营业外支出　　20 000.00

75.

表 5.17　　贵州新华管业有限公司所得税计算表

20×7 年 12 月 31 日　　单位：元

序号	项目	金额
1	1—12 月税前会计利润	3 818 420.33
2	所得税税率	25%
3	应交所得税	954 605.08
4	本年已交所得税	742 584.00
5	本季应交所得税	212 021.08

财务负责人：　　审核：　　制表：

凭证 81 号

借：所得税费用　　212 021.08

　贷：应交税费——应交所得税　　212 021.08

凭证 82 号

借：本年利润　　212 021.08

　贷：所得税费用　　212 021.08

76. 12 月 31 日，按 10%计提法定盈余公积。

凭证 83 号

借：利润分配——提取法定盈余公积　　360 639.93

　贷：盈余公积——法定盈余公积　　360 639.93

77. 12 月 31 日，进行年终结账，结转“本年利润”和“利润分配”各明细账户余额。

凭证 84 号

借：利润分配——未分配利润　　360 639.93

　贷：利润分配——提取法定盈余公积　　360 639.93

凭证 85 号

借：本年利润　　　　　　　　　　　　　　　　　3 606 399. 25

　贷：利润分配——未分配利润　　　　　　　　　　　3 606 399. 25

二、日记账簿

本实验中，日记账采用特种日记账，设置库存现金日记账和银行存款日记账，在日记账的登记中，需注意：

（1）日记账应根据记账凭证进行登记；

（2）“凭证字号”栏，本答案中采用通用格式凭证进行登记的，若采用收、付、转专用格式凭证，则凭证“字”栏目，根据凭证种类，填写为“收”“付”，或“现收”“现付”“银付”等。

（3）12 月 31 日是 12 月末，也是年末，进行月结的同时，还需进行年结，因本实验未提供 1 月至 11 月各账户的发生额合计，故年结中的本年合计栏数字省略。

表 5.18　　1101 库存现金日记账　　第××1 页

20×7 年		凭证		摘要	对方科目	借方金额	贷方金额	借或贷	余额
月	日	字	号						
12	1			承前页				借	13 478. 52
12	1	记	1	提取备用金	银行存款	20 000. 00		借	33 478. 52
12	3	记	10	采购办公用品	管理费用		658. 00	借	32 820. 52
12	6	记	13	李军报差旅费	管理费用		50. 00	借	32 770. 52
12	9	记	20	刘大刚报销招待费	管理费用		2 750. 00	借	30 020. 52
12	9	记	21	江小芳报销电话费	管理费用		785. 00	借	29 235. 52
12	15	记	35	王强报销差旅费退回余款	其他应收款	400. 00		借	29 635. 52
12	25	记	49	提取备用金	银行存款	30 000. 00		借	59 635. 52
12	25	记	50	李军借差旅费	其他应收款		25 000. 00	借	34 635. 52
12	26	记	53	刘宏报销招待费	管理费用		3 580. 00	借	31 055. 52
12	30	记	61	收材料毁损赔款余款计费用	待处理财产损溢	500. 00		借	31 555. 52
12	31			本月发生额及月末余额		50 900. 00	32 823. 00	借	31 555. 52
12	31			本年合计		略	略	借	31 555. 52
12	31			结转下年			31 555. 52	平	

表 5.19　　1102 银行存款日记账　　第××1 页

20×7 年		凭证号		摘要	对方科目	借方金额	贷方金额	借或贷	余额
月	日	字	号						
12	1			承前页				借	3 527 856. 88
12	1	记	1	提取备用金	略		20 000. 00	借	3 507 856. 88

表5.19(续)

20×7年		凭证号		摘要	对方科目	借方金额	贷方金额	借或贷	余额
月	日	字	号						
12	1	记	2	支付贵阳红星运输公司运输款			12 432.00	借	3 495 424.88
12	2	记	4	收贵阳友谊机械厂货款		587 000.00		借	4 082 424.88
12	2	记	6	代黔北精煤公司付运费			3 000.00	借	4 079 424.88
12	2	记	7	付购支票手续、工本费			35.00	借	4 079 389.88
12	3	记	9	广东百隆厂采购材料入库付红星公司运费			3 330.00	借	4 076 059.88
12	7	记	15	收黔北精煤公司货款		1 000 000.00		借	5 076 059.88
12	8	记	16	缴纳国税税金			175 796.25	借	4 900 263.63
12	8	记	17	缴纳地税税金			13 267.95	借	4 886 995.68
12	8	记	18	付王强预借差旅费			5 000.00	借	4 881 995.68
12	9	记	22	以存款从四新公司采购电脑			3 580.00	借	4 878 415.68
12	10	记	23	发放11月工资			276 206.68	借	4 602 209.00
12	10	记	24	贵州捷达石墨制品有限公司采购			83 947.50	借	4 518 261.50
12	11	记	25	偿还工行到期借款本金			1 000 000.00	借	3 518 261.50
12	11	记	26	支付工行借款利息			30 000.00	借	3 488 261.50
12	11	记	27	支付贵阳东升公司设备维修费			15 000.00	借	3 473 261.50
12	12	记	28	支付贵阳尚锐广告公司广告策划费			10 000.00	借	3 463 261.50
12	13	记	31	支付四川新利化工公司货款			405 054.00	借	3 058 207.50
12	13	记	32	从广东华益佳公司采购缠绕机			117 000.00	借	2 941 207.50
				过次页		1 587 000.00	2 173 649.38	借	2 941 207.50

表5.20　　1102银行存款日记账　　第××2页

20×7年		凭证号		摘要	对方科目	借方金额	贷方金额	借或贷	余额
月	日	字	号						
12	14			承前页		1 587 000.00	2 173 649.38	借	2 941 207.50
12	14	记	33	支付贵州大学职工培训费			20 000.00	借	2 921 207.50
12	14	记	34	收到山东东海煤矿有限公司货款		2 000 000.00		借	4 921 207.50
12	15	记	36	借入流动资金借款		500 000.00		借	5 421 207.50
12	16	记	37	支付从四川新利化工购料运费			7 548.00	借	5 413 659.50
12	17	记	38	支付职工社保费			114 344.74	借	5 299 314.76

表5.20(续)

20×7年		凭证号		摘要	对方科目	借方金额	贷方金额	借或贷	余额
月	日	字	号						
12	17	记	39	支付贵阳欣欣残疾人中心捐助款			20 000.00	借	5 279 314.76
12	19	记	42	付四新电脑公司维修费			3 180.00	借	5 276 134.76
12	20	记	44	广东百隆厂采购材料入库付红星公司运费			64 110.00	借	5 212 024.76
12	21	记	45	付贵阳双林公司车间设备保养维修费			23 400.00	借	5 188 624.76
12	21	记	46	支付货款贵阳捷达与贵阳胜利			3 129 600.00	借	2 059 024.76
12	21	记	48	收银行存款利息收入		4 197.94		借	2 063 222.70
12	25	记	49	提取备用金			30 000.00	借	2 033 222.70
12	26	记	51	支付供电局电费			181 520.00	借	1 851 702.70
12	26	记	54	支付职工住房公积金			27 355.20	借	1 824 347.50
12	27	记	56	支付过节费			13 573.00	借	1 810 774.50
12	27	记	57	收黔北精煤公司货款		2 800 000.00		借	4 610 774.50
12	28	记	58	支付本月水费			2 635.02	借	4 608 139.48
12	28	记	59	支付银行手续费			265.00	借	4 607 874.48
12	31	记	78	支付本季度借款利息			551 250.00	借	4 056 624.48
12	31			本月发生额及月末余额		6 891 197.94	6 362 430.34	借	4 056 624.48
12	31			本年合计		略	略	借	4 056 624.48
12	31			结转下年			4 056 624.48	平	

三、明细分类账簿

明细分类账簿包含的账户数量多，账页格式及可选择性多，下列明细账簿登记的答案中，账页的选择及设置并不一定是唯一的，如“应付职工薪酬”明细账，可如答案账页中按二级科目设置若干专栏目，反映明细账户的详细资料；也可按二级科目设置三栏式账页，反映明细账户的资料。

本实验中，明细账户的登记，需注意：

(1) 账页格式的选择，根据账户的特点可选择“三栏式”“数量金额式”“多栏式”及“卡片式”。

(2) 明细账簿应根据原始凭证及记账凭证进行登记；

(3) “凭证字号”栏，本答案中采用通用格式凭证进行登记的，若采用收、付、转专用格式凭证，则凭证“字”栏目，根据凭证种类，填写为“收”“付”“转”，或“现收”“现付”“银收”“银付”及“转”等。

(4) 12月31日是12月末，也是年末，进行月结的同时，还需进行年结，因本实验未提供1月至11月各账户的发生额合计，故年结中的本年合计栏数字省略。若该账户年度内无发生额，则无须进行本年合计，可直接结转下年。

（5）账簿中，账页的排列顺序，按科目号的先后顺序进行排列。

（6）下列答案中，由于账页格式多样性，账页间格式上或有差异。实际进行实验时，可根据取得的账页格式进行调整。

表5.21　　1121应收票据明细账

户名或编号：1121-001银行承兑汇票

总第1121页 分第001-1页

20×7年		凭证		摘要	对方科目	借方金额	贷方金额	借或贷	余额
月	日	字	号						
12	1			承前页				借	2 200 000.00
12	31			结转下年			2 200 000.00	平	

说明：若该账户年度内无发生额，则无须进行本年合计，可直接结转下年。

表5.22　　1122应收账款明细账

户名或编号：1122-001贵阳友谊机械厂

总第1122页　分第001-1页

20×7年		凭证		摘要	对方科目	借方金额	贷方金额	借或贷	余额
月	日	字	号						
12	1			承前页				借	2 200 000.00
12	2	记	4	收贵阳友谊机械厂货款			587 000.00	借	1 613 000.00
12	6	记	14	销售（贵阳友谊机械厂）		137 311.20		借	1 750 311.20
12	31			本月合计		137 311.20	587 000.00	借	1 750 311.20
12	31			本年合计		略	略	借	1 750 311.20
12	31			结转下年			1 750 311.20	平	

表5.23　　1122应收账款明细账

户名或编号：1122-002山东东海煤矿有限公司

总第1122页　分第002-1页

20×7年		凭证号		摘要	对方科目	借方金额	贷方金额	借或贷	余额
月	日	字	号						
12	1			承前页				借	2 186 543.00
12	8	记	19	销售山东东海煤矿有限公司		308 880.00		借	2 495 423.00

表5.23(续)

20×7年		凭证号		摘要	对方科目	借方金额	贷方金额	借或贷	余额
月	日	字	号						
12	14	记	34	收到山东东海煤矿有限公司货款			2 000 000.00	借	495 423.00
12	26	记	55	销售出库山东东海煤矿有限公司		1 986 660.00		借	2 482 083.00
12	31			本月发生额及月末余额		2 295 540.00	2 000 000.00	借	2 482 083.00
12	31			本年合计		略	略	借	2 482 083.00
12	31			结转下年			2 482 083.00	平	

表5.24　　1122应收账款明细账

户名或编号：1122-003贵州黔北精煤有限公司

总第1122页　分第003-1页

20×7年		凭证		摘要	对方科目	借方金额	贷方金额	借或贷	余额
月	日	字	号						
12	1			承前页				借	4 600 000.00
12	2	记	5	销售货物一批		245 419.20		借	4 845 419.20
12	2	记	6	代付运费		3 000.00		借	4 848 419.20
12	7	记	15	收黔北精煤公司货款			1 000 000.00	借	3 848 419.20
12	21	记	47	销售货物一批		1 865 916.00		借	5 714 335.20
12	27	记	57	收黔北精煤公司货款			2 800 000.00	借	2 914 335.20
12	31			本月合计		2 114 335.20	3 800 000.00	借	2 914 335.20
12	31			本年合计		略	略	借	2 914 335.20
12	31			结转下年			2 914 335.20	平	

表5.25　　1131应收利息明细账

户名或编号：1131-001东方公司

总第1131页　分第001-1页

20×7年		凭证		摘要	对方科目	借方金额	贷方金额	借或贷	余额
月	日	字	号						
12	30	记	72	计提本期债券投资利息收益		6 000.00		借	6 000.00
12	31			本月合计		6 000.00		借	6 000.00
12	31			结转下年			6 000.00	平	

表 5.26　　1221 其他应收款明细账

户名或编号：1221-001 李军

总第 1221 页　分第 001-1 页

20×7 年		凭证号		摘要	对方科目	借方金额	贷方金额	借或贷	余额
月	日								
12	1			承前页				借	12 000.00
12	6	记	13	李军报差旅费			12 000.00	平	
12	25	记	50	李军借差旅费		25 000.00		借	25 000.00
12	31			本月合计		25 000.00	12 000.00	借	25 000.00
12	31			本年合计		略	略	借	25 000.00
12	31			结转下年			25 000.00	平	

表 5.27　　1221 其他应收款明细账

户名或编号：1221-002 王强

总第 1221 页　分第 002-1 页

20×7 年		凭证		摘要	对方科目	借方金额	贷方金额	借或贷	余额
月	日	字	号						
12	8	记	18	付王强预借差旅费		5 000.00		借	5 000.00
12	15	记	35	王强报销差旅费退回余款			5 000.00	平	
12	31			本月合计		5 000.00	5 000.00	平	
12	31			本年合计		略	略	平	

表 5.28　　1231 坏账准备明细账

户名或编号：1231-001 坏账准备

总第 1231 页　分第 001-1 页

20×7 年		凭证		摘要	对方科目	借方金额	贷方金额	借或贷	余额
月	日	字	号						
12	1			承前页				贷	58 000.00
12	31	记	76	年末计提坏账准备			174 846.88	贷	232 846.88
12	31			本月合计		0.00	174 846.88	贷	232 846.88
12	31			本年合计		略	略	贷	232 846.88
12	31			结转下年		232 846.88		平	

表 5.29　　1402 在途物资明细账

户名或编号：1402-001 聚酯纤维（广州百隆）

总第 1402 页　分第 001-1 页

20×7 年		凭证号		摘要	对方科目	借方金额	贷方金额	借或贷	余额
月	日	字	号						
12	1			承前页				借	76 500.00
12	3	记	9	广东百隆厂采购材料入库付红星公司运费			76 500.00	平	
12	31			本月合计			76 500.00	平	
12	31			本年合计		略	略	平	

表 5.30　　1403 原材料明细账

材料名称：不饱和树脂　计量单位：KG　存放地点：材料库　总第 1403 页　分第 001-1 页

20×7 年		凭证号	摘要	收入			发出			结存		
月	日			数量	单价	金额	数量	单价	金额	数量	单价	金额
12	1		承前页							30 000	9.00	270 000.00
12	1	记 2	四川新利化工采购材料入库	50 000	9.70	485 000.00				30 000	9.00	270 000.00
										50 000	9.70	485 000.00
12	1	记 3	生产车间生产产品领用				13 420	9.00	120 780.00	16 580	9.00	149 220.00
										50 000	9.70	485 000.00
12	5	记 12	生产产品领用材料				16 580	9.00	149 220.00	46 455	9.70	450 613.50
							3 545	9.70	34 386.50			
12	12	记 30	生产产品领用材料				20 125	9.70	195 212.50	26 330	9.70	255 401.00
12	16	记 37	四川新利化工采购材料入库	30 000	9.70	291 000.00				56 330	9.70	546 401.00
12	19	记 43	生产产品领用材料				20 125	9.70	195 212.50	36 205	9.70	351 188.50
12	26	记 52	生产产品领用材料				10 060	9.70	97 582.00	26 145	9.70	253 606.50
12	31		本月合计	80 000		776 000.00	83 855		792 393.50	26 145	9.70	253 606.50
12	31		本年合计			略			略	26 145	9.70	253 606.50
12	31		结转下年				26 145	9.70	253 606.50			平

表 5.31　　1403 原材料明细账

材料名称：固化剂　计量单位：KG　存放地点：材料库　总第 1403 页　分第 002-1 页

20×7 年		凭证号	摘要	收入			发出			结存		
月	日			数量	单价	金额	数量	单价	金额	数量	单价	金额
12	1		期初结存							1 800	15.00	27 000.00
12	1	记 2	四川新利化工采购材料入库	3 000	15.50	46 500.00				1 800	15.00	27 000.00
										3 000	15.50	46 500.00
12	1	记 3	生产车间生产产品领用				810	15.00	12 150.00	990	15.00	14 850.00
										3 000	15.50	46 500.00

表 5.31（续）

20×7年		凭证号	摘要	收入			发出			结存		
月	日			数量	单价	金额	数量	单价	金额	数量	单价	金额
12	5	记 12	生产产品领用材料				990	15.00	14 850.00	2 780	15.50	43 090.00
							220	15.50	3 410.00			
12	12	记 30	生产产品领用材料				1 210	15.50	18 755.00	1 570	15.50	24 335.00
12	16	记 37	四川新利化工采购材料入库	2 000	15.50	31 000.00				3 570	15.50	55 335.00
12	19	记 43	生产产品领用材料				1 210	15.50	18 755.00	2 360	15.50	36 580.00
12	26	记 52	生产产品领用材料				600	15.50	9 300.00	1 760	15.50	27 280.00
12	30	记 60	库存盘点毁损				50	15.50	775.00	1 710	15.50	26 505.00
12	31		本月合计	5 000		77 500.00	5 090		77 995.00	1 710	15.50	26 505.00
12	31		本年合计			略			略	1 710	15.50	26 505.00
12	31		结转下年				1 710	15.50	26 505.00			平

表 5.32

原材料明细账

材料名称：促进剂　　计量单位：KG　　存放地点：材料库　　总第 1403 页　分第 003-1 页

20×7年		凭证号	摘要	收入			发出			结存		
月	日			数量	单价	金额	数量	单价	金额	数量	单价	金额
12	1		期初结存							1 800	15.00	27 000.00
12	1	记 2	四川新利化工采购材料入库	3 000	15.50	46 500.00				1 800	15.00	27 000.00
										3 000	15.50	46 500.00
12	1	记 3	生产车间生产产品领用				810	15.00	12 150.00	990	15.00	14 850.00
										3 000	15.50	46 500.00
12	5	记 12	生产产品领用材料				990	15.00	14 850.00	2 790	15.50	43 245.00
							210	15.50	3 255.00			
12	12	记 30	生产产品领用材料				1 200	15.50	18 600.00	1 590	15.50	24 645.00
12	16	记 37	四川新利化工采购材料入库	2 000	15.50	31 000.00				3 590	15.50	55 645.00
12	19	记 43	生产产品领用材料				1 200	15.50	18 600.00	2 390	15.50	37 045.00
12	26	记 52	生产产品领用材料				600	15.50	9 300.00	1 790	15.50	27 745.00
12	31		本月合计	5 000		77 500.00	5 010		76 755.00	1 790	15.50	27 745.00
12	31		本年合计			略			略	1 790	15.50	27 745.00
12	31		结转下年				1 790	15.50	27 745.00			平

表 5.33

1403 原材料明细账

材料名称：抗静电剂　　计量单位：KG　　存放地点：材料库　　总第 1403 页　分第 004-1 页

20×7年		凭证号	摘要	收入			发出			结存		
月	日			数量	单价	金额	数量	单价	金额	数量	单价	金额
12	1		期初结存							1 200	24.00	28 800.00
12	1	记 3	生产车间生产产品领用				540	24.00	12 960.00	660	24.00	15 840.00
12	2	记 8	贵州胜利阻燃公司采购入库	2 000	24.20	48 400.00				660	24.00	15 840.00
										2 000	24.20	48 400.00

表5. 33(续)

20×7年		凭证号	摘要	收入			发出			结存		
月	日			数量	单价	金额	数量	单价	金额	数量	单价	金额
12	5	记12	生产产品领用材料				660	24.00	15 840.00	1 850	24.20	44 770.00
							150	24.20	3 630.00			
12	12	记30	生产产品领用材料				810	24.20	19 602.00	1 040	24.20	25 168.00
12	18	记40	贵州胜利阻燃公司采购入库	1 500	24.20	36 300.00				2 540	24.20	61 468.00
12	19	记43	生产产品领用材料				810	24.20	19 602.00	1 730	24.20	41 866.00
12	26	记52	生产产品领用材料				400	24.20	9 680.00	1 330	24.20	32 186.00
12	31		本月合计	3 500		84 700.00	3 370		81 314.00	1 330	24.20	32 186.00
12	31		本年合计			略			略	1 330	24.20	32 186.00
12	31		结转下年				1 330	24.20	32 186.00			平

表 5. 34　原材料明细账

材料名称：聚酯纤维　　计量单位：KG　　存放地点：材料库　　总第 1403 页　分第 005-1 页

20×7年		凭证号	摘要	收入			发出			结存		
月	日			数量	单价	金额	数量	单价	金额	数量	单价	金额
12	1		期初结存							18 000	2.50	45 000.00
12	1	记3	生产车间生产产品领用				8 050	2.50	20 125.00	9 950	2.50	24 875.00
12	3	记9	广东百隆厂采购材料入库付红星公司运费	30 000	2.65	79 500.00				9 950	2.50	24 875.00
										30 000	2.65	79 500.00
12	5	记12	生产产品领用材料				9 950	2.50	24 875.00	27 870	2.65	73 855.50
							2 130	2.65	5 644.50			
12	12	记30	生产产品领用材料				12 080	2.65	32 012.00	15 790	2.65	41 843.50
12	19	记43	生产产品领用材料				12 080	2.65	32 012.00	3 710	2.65	9 831.50
12	20	记44	广东百隆厂采购材料入库付红星公司运费	20 000	2.75	55 000.00				3 710	2.65	9 831.50
										20 000	2.75	55 000.00
12	26	记52	生产产品领用材料				3 710	2.65	9 831.50	17 670	2.75	48 592.50
							2 330	2.75	6 407.50			
12	31		本月合计	50 000		134 500.00	50 330		130 907.50	17 670	2.75	48 592.50
12	31		本年合计			略			略	17 670	2.75	48 592.50
12	31		结转下年				17 670	2.75	48 592.50			平

表 5. 35　原材料明细账

材料名称：氢氧化铝　　计量单位：KG　　存放地点：材料库　　总第 1403 页　分第 006-1 页

20×7年		凭证号	摘要	收入			发出			结存		
月	日			数量	单价	金额	数量	单价	金额	数量	单价	金额
12	1		期初结存							45 000	3.50	157 500.00
12	1	记3	生产车间生产产品领用				20 120	3.50	70 420.00	24 880	3.50	87 080.00
12	2	记8	贵州胜利阻燃公司采购入库	50 000	3.60	180 000.00				24 880	3.50	87 080.00
										50 000	3.60	180 000.00

表5.35(续)

20×7年		凭证号	摘要	收入			发出			结存		
月	日			数量	单价	金额	数量	单价	金额	数量	单价	金额
12	5	记12	生产产品领用材料				24 880	3.50	87 080.00	44 690	3.60	160 884.00
							5 310	3.60	19 116.00			
12	12	记29	贵州胜利阻燃公司采购入库	40 000	3.60	144 000.00				84 690	3.60	304 884.00
12	12	记30	生产产品领用材料				30 190	3.60	108 684.00	54 500	3.60	196 200.00
12	18	记40	贵州胜利阻燃公司采购入库	40 000	3.60	144 000.00				94 500	3.60	340 200.00
12	19	记43	生产产品领用材料				30 190	3.60	108 684.00	64 310	3.60	231 516.00
12	26	记52	生产产品领用材料				15 090	3.60	54 324.00	49 220	3.60	177 192.00
12	31		本月合计	130 000		468 000.00	125 780		448 308.00	49 220	3.60	177 192.00
12	31		本年合计			略			略	49 220	3.60	177 192.00
12	31		结转下年				49 220	3.60	177 192.00	—		平

表5.36　　1405原材料明细账

材料名称：网格布　　计量单位：KG　　存放地点：材料库　　总第1403页　分第007-1页

20×7年		凭证号	摘要	收入			发出			结存		
月	日			数量	单价	金额	数量	单价	金额	数量	单价	金额
12	1		期初结存							18 000	3.50	63 000.00
12	1	记3	生产车间生产产品领用				8 050	3.50	28 175.00	9 950	3.50	34 825.00
12	4	记11	重庆高峰防水材料公司采购材料	30 000	3.60	108 000.00				9 950	3.50	34 825.00
										30 000	3.60	108 000.00
12	5	记12	生产产品领用材料				9 950	3.50	34 825.00	27 870	3.60	100 332.00
							2 130	3.60	7 668.00			
12	12	记30	生产产品领用材料				12 080	3.60	43 488.00	15 790	3.60	56 844.00
12	18	记41	重庆高峰防水材料公司采购材料	20 000	3.85	77 000.00				15 790	3.60	56 844.00
										20 000	3.85	77 000.00
12	19	记43	生产产品领用材料				12 080	3.60	43 488.00	3 710	3.60	13 356.00
										20 000	3.85	77 000.00
12	26	记52	生产产品领用材料				3 710	3.60	13 356.00	17 670	3.85	68 029.50
							2 330	3.85	8 970.50			
12	31		本月合计	50 000		185 000.00	50 330		179 970.50	17 670	3.85	68 029.50
12	31		本年合计			略			略	17 670	3.85	68 029.50
12	31		结转下年				17 670	3.85	68 029.50			平

表 5.37 原材料明细账

材料名称：碳粉 计量单位：KG 存放地点：材料库 总第 1403 页 分第 008-1 页

20×7年		证号	摘要	收入			发出			结存		
月	日			数量	单价	金额	数量	单价	金额	数量	单价	金额
12	1		期初结存							1 500	20.00	30 000.00
12	1	记 3	生产车间生产产品领用				540	20.00	10 800.00	960	20.00	19 200.00
12	5	记 12	生产产品领用材料				810	20.00	16 200.00	150	20.00	3 000.00
12	10	记 24	采购（贵州捷达石墨制品有限公司）	3 500	20.50	71 750.00				150	20.00	3 000.00
										3 500	20.50	71 750.00
12	12	记 30	生产产品领用材料				150	20.00	3 000.00	2 840	20.50	58 220.00
							660	20.50	13 530.00			
12	19	记 43	生产产品领用材料				810	20.50	16 605.00	2 030	20.50	41 615.00
12	26	记 52	生产产品领用材料				400	20.50	8 200.00	1 630	20.50	33 415.00
12	31		本月合计	3 500		71 750.00	3 370		68 335.00	1 630	20.50	33 415.00
12	31		本年合计			略			略	1 630	20.50	33 415.00
12	31		结转下年				1 630	20.50	33 415.00			平

表 5.38 1405 库存商品明细账

商品名称：聚酯复合管 计量单位：KG 规格：300mm 存放地点：成品库 总第 1405 页 分第 001-1 页

20×7年		凭证		摘要	对方科目	收入			发出			结存		
月	日	字	号			数量	单价	金额	数量	单价	金额	数量	单价	金额
12	1			期初结存								69 500	8.06	560 170.00
12	2	出	01	销售出库黔北精煤					7 800			61 700		
12	5	入	01	完工入库		24 960						86 660		
12	6	出	02	销售出库友谊机械厂					9 780			76 880		
12	12	入	02	完工入库		37 440						114 320		
12	19	入	03	完工入库		37 442						151 762		
12	21	出	04	销售出库黔北精煤					84 500			67 262		
12	26	入	04	完工入库		37 440						104 702		
12	26	出	05	销售出库山东东海煤矿有限公司					97 500			7 202		
12	30	入	05	完工入库		18 720						25 922		
12	31			本月出入库数量合计		156 002			199 580			25 922		
12	31	记	70	结转完工入库产品成本			8.69	1 356 324.28				225 502	8.50	1 916 494.28
12	31	记	71	结转本月发出产品成本					199 580	8.50	1 696 430.00	25 922	8.50	220 064.28
12	31			本月合计		156 002	8.69	1 356 324.28	199 580	8.50	1 696 430.00	25 922	8.50	220 064.28
12	31			本年合计				略			略	25 922	8.50	220 064.28
12	31			结转下年					25 922	8.50	75 204.28			

表 5.39 1405 库存商品明细账

商品名称：聚酯复合管 计量单位：KG 规格：200mm 存放地点：成品库 总第 1405 页 分第 002-1 页

20×7年		凭证		摘要	对方科目	收入			发出			结存		
月	日	字	号			数量	单价	金额	数量	单价	金额	数量	单价	金额
12	1			期初结存								37 600	7.05	265 080.00

表5.39(续)

20×7年		凭证		摘要	对方科目	收入			发出			结存		
月	日	字	号			数量	单价	金额	数量	单价	金额	数量	单价	金额
12	2	出	01	销售出库黔北精煤					9 680			27 920		
12	5	入	01	完工入库		16 896						44 816		
12	8	出	03	销售出库山东东海煤矿有限公司					22 000			22 816		
12	12	入	02	完工入库		25 344						48 160		
12	19	入	03	完工入库		25 342						73 502		
12	21	出	04	销售出库黔北精煤					48 400			25 102		
12	26	入	04	完工入库		25 343						50 445		
12	26	出	05	销售出库山东东海煤矿有限公司					44 000			6 445		
12	30	入	05	完工入库		12 672						19 117		
12	31			本月出入库数量合计		105 597			124 080			19 117		
12	31	记	70	结转完工入库产品成本		105 597	8.69	918 081.55				143 197	8.26	1 183 161.55
12	31	记	71	结转本月发出产品成本					124 080	8.26	1 024 900.80	19 117	8.26	158 260.75
12	31			本月合计		105 597	8.69	918 081.55	124 080	8.26	1 024 900.80	19 117	8.26	158 260.75
12	31			本年合计				略			略	19 117	8.26	158 260.75
12	31			结转下年					19 117	8.26	158 260.75			

表5.40 1501持有至到期投资明细账

户名或编号：1501-001东方公司债券

总第1501页 分第001-1页

20×7年		凭证		摘要	对方科目	借方金额	贷方金额	借或贷	余额
月	日	字	号						
12	1			承前页				借	200 000.00
12	31			结转下年			200 000.00	平	

表5.41 1601固定资产明细账

户名或编号：1601-001房屋建筑物类

总第1601页 分第001-1页

20×7年		凭证		摘要	对方科目	借方金额	贷方金额	借或贷	余额
月	日	字	号						
12	1			承前页				借	7 400 000.00
12	31			结转下年			7 400 000.00	平	

1601 固定资产明细账

户名或编号：1601-002 机器设备类

总第 1601 页　分第 002-1 页

20×7年		凭证		摘要	对方科目	借方金额	贷方金额	借或贷	余额
月	日	字	号						
12	1			承前页				借	516 000.00
12	13	记	32	从广东华益佳公司采购缠绕机		100 000.00		借	616 000.00
12	31			本月合计		100 000.00		借	616 000.00
12	31			结转下年			616 000.00	平	

表 5.43　1601 固定资产明细账

户名或编号：1601-003 办公设备类

总第 1601 页　分第 003-1 页

20×7年		凭证		摘要	对方科目	借方金额	贷方金额	借或贷	余额
月	日	字	号						
12	1			承前页				借	245 000.00
12	9	记	19	以存款从四新公司采购电脑		3 059.82		借	248 059.82
12	31			本月合计		3 059.82			248 059.82
12	31			结转下年			248 059.82	平	

表 5.44　1601 固定资产明细账

户名或编号：1601-004 运输工具类

总第 1601 页　分第 004 页

20×7年		凭证		摘要	对方科目	借方金额	贷方金额	借或贷	余额
月	日	字	号						
12	1			承前页				借	784 040.00
12	31			结转下年			784 040.00	平	

表 5.45

1601 固定资产明细账

固定资产类别：房屋建筑物类　　使用部门：行政管理部门　　总 1601 页　分 1601-001-001-1 页
固定资产编号：001-001-20×4-01　　存放地点：行政管理部门
固定资产名称：办公楼　　厂家型号：自建　　残值：5%　　80 000.00 元
固定资产规格：5 000 平方米/栋　　始用日期：20×4 年 12 月 15 日　　折旧率每年：　4.75%　每月：　0.395 8%
固定资产单位：栋　　预计折旧年限：20 年　　折旧额每年：76 000.00 元　每月：6 333.33 元

20×7 年		凭证		摘要	收入			发出			结存		
月	日	字	号		数量	单价	金额	数量	单价	金额	数量	单价	金额
12	1			承前页							1	1 600 000.00	1 600 000.00
12	31			结转下年				1	1 600 000.00	1 600 000.00			平

说明：其余固定资产三级明细账，参照上表“固定资产明细账”和实验资料“固定资产明细资料表”进行设置和登记。

表 5.46

固定资产卡片

卡片编号：00001　　20×4 年 12 月 20 日

固定资产编号	001-001-20×4-01	固定资产名称	办公楼	设备生产厂家	
类别编号	001	类别名称	房屋建筑物类	设备技术编号	
规格型号	5 000 平方米/栋	使用部门	公司行政管理部门		
资产来源	自建	存放地点	贵阳市华莲路 98 号		
开始使用日期	20×4 年 12 月 20 日	预计使用年限	20 年	折旧方法	年限平均法
原值	1 600 000.00 元	净残值率	5%	净残值	80 000.00 元
月折旧率	0.395 8%	月折旧额	6 333.33 元	折旧对应科目	管理费用

固定资产折旧记录

年度	折旧额（元）	年度	折旧额（元）	年度	折旧额（元）
20×5 年	76 000.00				
20×6 年	76 000.00				

备注：

说明：其余固定资产卡片（即固定资产明细账），参照上表“固定资产卡片”和实验资料“固定资产明细资料表”进行设置和登记，卡片账可以跨年使用，卡片中的日期为该固定资产卡片启用的日期。

表 5.47　　1602 累计折旧明细账

户名或编号：1602-001 累计折旧

总第 1602 页　分第 001-1 页

20×7 年		凭证		摘要	对方科目	借方金额	贷方金额	借或贷	余额
月	日	字	号						
12	1			承前页				贷	1 699 053.69
12	30	记	62	计提本月固定资产折旧费			47 680.39	贷	1 746 734.08
12	31			本月合计		0.00	47 680.39	贷	1 746 734.08
12	31			本年合计		略	略	贷	1 746 734.08
12	31			结转下年		1 746 734.08		平	

表 5.48　　1701 无形资产明细账

户名或编号：1701-001 土地使用权

总第 1701　页　分第 001-1 页

20×7 年		凭证		摘要	对方科目	借方金额	贷方金额	借或贷	余额
月	日	字	号						
12	1			承前页				借	9 000 000.00
12	31			结转下年			9 000 000.00	平	

表 5.49　　1702 累计摊销明细账

户名或编号：1702-001 累计摊销

总第 1702 页　分第 001-1　页

20×7 年		凭证		摘要	对方科目	借方金额	贷方金额	借或贷	余额
月	日	字	号						
12	1			承前页				贷	525 000.00
12	30	记	73	计提本月固定资产折旧费			15 000.00	贷	540 000.00
12	31			本月合计		0.00	15 000.00	贷	540 000.00
12	31			本年合计		略	略	贷	540 000.00
12	31			结转下年		540 000.00		平	

表 5.50

1901 待处理财产损溢明细账

户名或编号：1901-001 待处理流动资产损溢

总第 1901 页　分第 001-1 页

20×7 年		凭证		摘要	对方科目	借方金额	贷方金额	借或贷	余额
月	日	字	号						
12	30	记	60	库存盘点毁损		906.75		借	906.75
12	30	记	61	收材料毁损赔款余款计费用			906.75	平	0.00
12	31			本月合计		906.75	906.75	借	0.00
12	31			本年合计		略	略	平	0.00

表 5.51

2001 短期借款明细账

户名或编号：2001-001 工商银行工行贵阳华莲路支行

总第 2001 页　分第 001-1 页

20×7 年		凭证		摘要	对方科目	借方金额	贷方金额	借或贷	余额
月	日	字	号						
12	1			承前页				贷	2 000 000.00
12	11	记	25	偿还工行到期借款本金		1 000 000.00		贷	1 000 000.00
12	15	记	36	借入流动资金借款			500 000.00	贷	1 500 000.00
12	31			本月合计		1 000 000.00	500 000.00	贷	1 500 000.00
12	31			本年合计		略	略	贷	1 500 000.00
12	31			结转下年		1 500 000.00		平	

表 5.52

2202 应付账款明细账

户名或编号：2202-001 四川新利化工有限公司

总第 2202 页　分第 001-1 页

20×7 年		凭证		摘要	对方科目	借方金额	贷方金额	借或贷	余额
月	日	字	号						
12	1			承前页				借	663 156.00
12	1	记	2	采购材料			663 156.00	平	
12	13	记	31	支付四川新利化工公司货款		405 054.00		借	405 054.00
12	16	记	37	四川新利化工采购材料入库			405 054.00	平	
12	31			本月合计		405 054.00	1 068 210.00	平	0.00
12	31			本年合计		略	略	平	

表 5.53　　2202 应付账款明细账

户名或编号：2202-002 广东百隆化工厂

总第 2202 页　分第 002-1 页

20×7 年		凭证		摘要	对方科目	借方金额	贷方金额	借或贷	余额
月	日	字	号						
12	1			承前页				贷	211 500.00
12	31			本年合计		略	略	贷	211 500.00
12	31			结转下年		211 500.00		平	

表 5.54　　2202 应付账款明细账

户名或编号：2202-003 贵州胜利阻燃材料有限公司

总第 2202 页　分第 003-1 页

20×7 年		凭证		摘要	对方科目	借方金额	贷方金额	借或贷	余额
月	日	字	号						
12	1			承前页				贷	2 460 000.00
12	2	记	8	贵州胜利阻燃公司采购入库			267 228.00	贷	2 727 228.00
12	12	记	29	贵州胜利阻燃公司采购入库			168 480.00	贷	2 895 708.00
12	18	记	40	贵州胜利阻燃公司采购入库			210 951.00	贷	3 106 659.00
12	21	记	46	支付货款贵阳胜利		3 000 000.00		贷	106 659.00
12	31			本月合计		3 000 000.00	646 659.00	贷	106 659.00
12	31			本年合计		略	略	贷	106 659.00
12	31			结转下年		106 659.00		平	

表 5.55　　2202 应付账款明细账

户名或编号：2202-004 重庆高峰防水材料有限公司

总第 2202 页　分第 004-1 页

20×7 年		凭证		摘要	对方科目	借方金额	贷方金额	借或贷	余额
月	日	字	号						
12	1			承前页				贷	302 400.00
12	4	记	11	重庆高峰防水材料公司采购材料			126 360.00	贷	428 760.00
12	19	记	41	重庆高峰防水材料公司采购材料			89 240.00	贷	518 000.00
12	31			本月合计			215 600.00	贷	518 000.00

表 5.55（续）

20×7 年		凭证		摘要	对方科目	借方金额	贷方金额	借或贷	余额
月	日	字	号						
12	31			本年合计		略	略	贷	518 000.00
12	31			结转下年	518 000.00			平	

表 5.56

2202 应付账款明细账

户名或编号：2202-005 贵阳捷达石墨制品有限公司

总第 2202 页　分第 005-1 页

20×7 年		凭证		摘要	对方科目	借方金额	贷方金额	借或贷	余额
月	日	字	号						
12				承前页				贷	129 600.00
12	21	记	46	支付货款贵阳捷达		129 600.00		平	
12	31			本月合计		129 600.00		平	
12	31			本年合计		略	略	平	

表 5.57

2211 应付职工薪酬明细账

户名或编号：2211 应付职工薪酬

总第 2211 页　分第 001-1 页

20×7 年		凭证		摘要	对方科目	借方金额	贷方金额	借或贷	余额	贷方发生额及余额							
月	日	字	号							工资薪金	福利费	社会保险费（单位缴纳）	社会保险费（个人缴纳）	住房公积金（单位缴纳）	住房公积金（个人缴纳）	工会经费	职工教育经费
12	1			承前页				贷	467 213.62	321 800.00		84 254.02		13 677.60		14 732.00	32 750.00
12	10	记	23	发放 11 月工资		321 800.00	43 768.32	贷	189 181.94	-321 800.00			30 090.72		13 677.60		
12	14	记	33	支付贵州大学职工培训费		20 000.00		贷	169 181.94								-20 000.00
12	17	记	38	支付职工社保费		114 344.74		贷	54 837.20			-84 254.02	-30 090.72				
12	26	记	54	支付职工住房公积金		27 355.20		贷	27 482.00					-13 677.60	-13 677.60		
12	27	记	56	支付过节费		13 900.00		贷	13 582.00		-13 900.00						
12	30	记	63	分配本月工资费用			311 951.53	贷	325 533.53	311 951.53							
12	30	记	64	分配本月职工过节福利费用			13 900.00	贷	339 433.53		13 900.00						
12	30	记	65	计提本月单位负担的职工社会保险费			96 081.07	贷	435 514.60			96 081.07					
12	30	记	66	计提本月单位负担的职工住房公积金			15 597.58	贷	451 112.18					15 597.58			
12	30	记	67	计提本月工会经费			6 239.03	贷	457 351.21							6 239.03	
12	30	记	68	计提本月职工教育经费			4 679.27	贷	462 030.48								4 679.27
12	31			本月合计		497 399.94	492 216.80	贷	462 030.48	311 951.53	0.00	96 081.07	0.00	15 597.58	0.00	20 971.03	17 429.27
12	31			本年合计		略	略	贷	462 030.48								
12	31			结转下年		462 030.48											

“应付职工薪酬”明细账可采用多栏式，按明细项目设置专栏进行明细核算，如表5.57账页所示。也可采用按明细科目设置三栏式明细账进行反映，下面对应付职工薪酬按三栏式设置的明细账，仅举两个账户进行示范，余下明细账的登记可参照进行，如表5.58、表5.59所示。

表5.58 **2211应付职工薪酬明细账**

户名或编号：2211-001 工资薪金

总第2211页　分第001-1页

20×7年		凭证		摘要	对方科目	借方金额	贷方金额	借或贷	余额
月	日	字	号						
12	1			承前页				贷	321 800.00
12	10	记	23	发放11月工资		321 800.00		平	0.00
12	30	记	63	分配本月工资费用			311 951.53	贷	311 951.53
12	31			本月合计		321 800.00	311 951.53	贷	311 951.53
12	31			本年合计		略	略	贷	311 951.53
12	31			结转下年		311 951.53		平	

表5.59 **2211应付职工薪酬明细账**

户名或编号：福利费

总第2211页　分第002-1页

20×7年		凭证		摘要	对方科目	借方金额	贷方金额	借或贷	余额
月	日	字	号						
12	27	记	56	支付过节费		13 900.00		借	13 900.00
12	30	记	64	分配本月职工过节福利费用			13 900.00	平	0.00
12	31			本月合计		13 900.00	13 900.00	平	0.00
12	31			本年合计		略	略	平	0.00

表 5.60

2221 应交税费明细账

户名或编号：2221-001 应交增值税

总第 2221 页　分第 001-1 页

20×7 年		凭证		摘要	对方科目	借方				贷方					借或贷	余额
月	日	字	号			进项税额	已交税金	转出未交增值税	合计	销项税额	进项税额转出	出口退税	转出多交增值税	合计		
12	1	记	2	采购材料价款及运费税金		97 588.00			97 588.00						借	97 588.00
12	2	记	5	销售给黔北精煤货物一批					97 588.00	35 659.20				35 659.20	借	159 480.80
12	2	记	8	贵州胜利阻燃公司采购入库		38 828.00			136 416.00					35 659.20	借	100 720.80
12	3	记	9	广东百隆厂采购材料入库付红星公司运费		330.00			136 746.00					35 659.20	借	101 050.80
12	4	记	11	重庆高峰防水材料公司采购材料		18 360.00			155 106.00					35 659.20	借	119 410.80
12	6	记	14	销售（贵阳友谊机械厂）					155 106.00	19 951.20				55 610.40	借	99 459.60
12	8	记	19	销售山东东海煤矿有限公司					155 106.00	44 880.00				100 490.40	借	54 579.60
12	9	记	22	以存款从四新公司采购电脑		520.18			155 626.18					100 490.40	借	55 099.78
12	10	记	24	贵州捷达石墨制品有限公司采购		12 197.50			167 823.68					100 490.40	借	67 297.28
12	11	记	27	支付贵阳东升公司设备维修费		2 179.49			170 003.17					100 490.40	借	69 476.77
12	12	记	29	贵州胜利阻燃公司采购入库		24 480.00			194 483.17					100 490.40	借	93 956.77
12	13	记	32	从广东华益佳公司采购缠绕机		17 000.00			211 483.17					100 490.40	借	110 956.77
12	16	记	37	四川新利化工采购材料价款及运费税金		59 602.00			271 085.17					100 490.40	借	170 558.77
12	18	记	40	贵州胜利阻燃公司采购入库		30 651.00			301 736.17					100 490.40	借	201 209.77
12	19	记	41	重庆高峰防水材料公司采购材料		12 240.00			313 976.17					100 490.40	借	213 449.77
12	19	记	42	付四新电脑公司维修费		180.00			314 156.17					100 490.40	借	213 629.77
12	20	记	44	广东百隆厂采购材料入库付红星公司运费		9 110.00			323 266.17					100 490.40	借	222 739.77
12	20			过次页		323 266.17			326 666.17	100 490.40				100 490.40	借	222 739.77

表 5.61

2221 应交税费明细账

户名或编号：2221-001 应交增值税

总第 2221 页　分第 001-2 页

20×7 年		凭证		摘要	对方科目	借方				贷方					借或贷	余额
月	日	字	号			进项税额	已交税金	转出未交增值税	合计	销项税额	进项税额转出	出口退税	转出多交增值税	合计		
12	20			承前页		323 266.17			326 666.17	100 490.40				100 490.40	借	222 739.77
12	21	记	45	付贵阳双林公司车间设备保养维修费		3 400.00			326 666.17					100 490.40	借	226 139.77
12	21	记	47	销售（黔北精煤）					326 666.17	271 116.00				371 606.40	贷	44 940.23
12	25	记	51	支付供电局电费		26 374.70			353 040.87					371 606.40	贷	18 565.53
12	26	记	55	销售出库山东东海煤矿有限公司					353 040.87	288 660.00				660 266.40	贷	307 225.53
12	28	记	58	支付本月水费		261.13			353 302.00					660 266.40	贷	306 964.40
12	30	记	60	库存盘点毁损					353 302.00		131.75			660 398.15	贷	307 096.15
12	31	记	74	月末转出本月未交增值税				307 096.15	660 398.15					660 398.15	平	0.00
12	31			本月合计		353 302.00	0.00	307 096.15	660 398.15	660 266.40	131.75	0.00	0.00	660 398.15	平	
12	31			本年合计					略					略	平	

表 5.62　　2221 应交税费明细账

户名或编号：2221-002 未交增值税

总第 2221 页　分第 002-1 页

20×7 年		凭证		摘要	对方科目	借方金额	贷方金额	借或贷	余额
月	日	字	号						
12	1			承前页				贷	167 425.00
12	8	记	16	缴纳 11 月应交增值税		167 425.00		平	
12	31	记	74	月末转出本月未交增值税			307 096.15	贷	307 096.15
12	31			本月合计		167 425.00	307 096.15	贷	307 096.15
12	31			本年合计		略	略	贷	307 096.15
12	31			结转下年		307 096.15		平	

表 5.63　　2221 应交税费明细账

户名或编号：2221-003 应交教育费附加

总第 2221 页　分第 003-1 页

20×7 年		凭证		摘要	对方科目	借方金额	贷方金额	借或贷	余额
月	日	字	号						
12	1			承前页				贷	5 022.75
12	8	记	16	缴纳 11 月应交教育费附加		5 022.75		平	0.00
12	31	记	75	计提本月税金及附加费			9 211.46	贷	9 211.46
12	31			本月合计		5 022.75	9 211.46	贷	9 211.46
12	31			本年合计		略	略	贷	9 211.46
12	31			结转下年		9 211.46		平	

表 5.64　　2221 应交税费明细账

户名或编号：2221-004 应交地方教育费附加

总第 2221 页　分第 004-1　页

20×7 年		凭证		摘要	对方科目	借方金额	贷方金额	借或贷	余额
月	日	字	号						
12	1			承前页				贷	3 348.50
12	8	记	16	缴纳 11 月应交地方教育费附加		3 348.50		平	
12	31	记	75	计提本月税金及附加费			6 140.97	贷	6 140.97

表 5.64（续）

20×7 年		凭证		摘要	对方科目	借方金额	贷方金额	借或贷	余额
月	日	字	号						
12	31			本月合计		3 348.50	6 140.97	贷	6 140.97
12	31			本年合计		略	略	贷	6 140.97
12	31			结转下年		6 140.97		平	

表 5.65　　2221 应交税费明细账

户名或编号：2221-005 应交城建税

总第 2221 页　分第 005-1 页

20×7 年		凭证		摘要	对方科目	借方金额	贷方金额	借或贷	余额
月	日	字	号						
12	1			承前页				贷	11 719.75
12	8	记	17	缴纳 11 月应交城建税		11 719.75		平	
12	31	记	75	计提本月税金及附加费			21 493.41	贷	21 493.41
12	31			本月合计		11 719.75	21 493.41	贷	21 493.41
12	31			本年合计		略	略	贷	21 493.41
12	31			结转下年		21 493.41		平	

表 5.66　　2221 应交税费明细账

户名或编号：2221-006 应交个人所得税

总第 2221 页　分第 006-1 页

20×7 年		凭证		摘要	对方科目	借方金额	贷方金额	借或贷	余额
月	日	字	号						
12	1			承前页				贷	1 548.20
12	8	记	17	缴纳 11 月应交个人所得税		1 548.20		平	
12	10	记	23	发放 11 月工资计提个所税			1 825.00	贷	1 825.00
12	27	记	56	支付过节费			327.00	贷	2 152.00
12	31			本月合计		1 548.20	2 152.00	贷	2 152.00
12	31			本年合计		略	略	贷	2 152.00
12	31			结转下年		2 152.00		平	

表 5.67　　2221 应交税费明细账

户名或编号：2221-007 应交企业所得税

总第 2221 页　分第 007-1 页

20×7 年		凭证		摘要	对方科目	借方金额	贷方金额	借或贷	余额
月	日	字	号						
12	31	记	81	计提本季应交企业所得税			212 021.08	贷	212 021.08
12	31			本月合计			212 021.08	贷	212 021.08
12	31			本年合计		略	略	贷	212 021.08
12	31			结转下年		212 021.08		平	

表 5.68　　2231 应付利息明细账

户名或编号：2231-001 应付利息

总第 2231 页　分第 001-1 页

20×7 年		凭证		摘要	对方科目	借方金额	贷方金额	借或贷	余额
月	日	字	号						
12	1			承前页				贷	528 500.00
12	11	记	26	支付工行借款利息		28 500.00		贷	500 000.00
12	31	记	77	计提本月借款利息			51 250.00	贷	551 250.00
12	31	记	78	支付工行借款利息		551 250.00		平	
12	31			本月合计		579 750.00	51 250.00	平	
12	31			本年合计		略	略	平	

表 5.69　　2501 长期借款明细账

户名或编号：2501-001 工行贵阳莲花路支行

总第 2501 页　分第 001-1 页

20×7 年		凭证		摘要	对方科目	借方金额	贷方金额	借或贷	余额
月	日	字	号						
1	1			上年结转				贷	6 000 000.00
12	31			结转下年		6 000 000.00		平	

表 5.70　　4001 实收资本明细账

户名或编号：4001-001 赵卫国

总第 4001 页　分第 001-1　页

20×7 年		凭证		摘要	对方科目	借方金额	贷方金额	借或贷	余额
月	日	字	号						
1	1			上年结转				贷	11 250 000. 00
12	31			结转下年		11 250 000. 00		平	

表 5.71　　4001 实收资本明细账

户名或编号：4001-002 刘晓霞

总第 4001 页　分第 002-1 页

20×7 年		凭证		摘要	对方科目	借方金额	贷方金额	借或贷	余额
月	日	字	号						
12	1			承前页				贷	3 750 000. 00
12	31			结转下年		3 750 000. 00		平	

表 5.72　　4101 盈余公积明细账

户名或编号：4101-001 法定盈余公积

总第 4101 页　分第 001-1 页

20×7 年		凭证		摘要	对方科目	借方金额	贷方金额	借或贷	余额
月	日	字	号						
12	1			承前页				贷	1 065 853. 85
12	31	记	83	提取法定盈余公积			360 639. 93	贷	1 426 493. 78
12	31			本年合计		略	略	贷	1 426 493. 78
12	31			结转下年		1 426 493. 78		平	

表 5.73 4103 本年利润明细账

户名或编号：4103-001 本年利润

总第 4103 页 分第 001-1 页

20×7 年		凭证		摘要	对方科目	借方金额	贷方金额	借或贷	余额
月	日	字	号						
12	1			承前页				贷	3 250 471.90
12	31		79	结转本月收入至本年利润			3 889 920.00	贷	7 140 391.90
12	31		80	结转本月费用至本年利润		3 321 971.57		贷	3 818 420.33
12	31		82	结转所得税至本年利润		212 021.08		贷	3 606 399.25
12	31		85	年终本年利润结转		3 606 399.25		平	
12	31			本月合计		7 140 391.90	3 889 920.00	平	
12	31			本年合计		略	略	平	

表 5.74 4104 利润分配明细账

户名或编号：4104-001 提取法定盈余公积

总第 4104 页 分第 001-1 页

20×7 年		凭证		摘要	对方科目	借方金额	贷方金额	借或贷	余额
月	日	字	号						
12	31	记	83	提取法定盈余公积		360 639.93		借	360 639.93
12	31	记	84	年终结转利润分配至未分配利润			360 639.93	平	
12	31			本月合计		360 639.93	360 639.93	平	
12	31			本年合计		略	略	平	

表 5.75 4104 利润分配明细账

户名或编号：4104-002 未分配利润

总第 4104 页 分第 002-1 页

20×7 年		凭证		摘要	对方科目	借方金额	贷方金额	借或贷	余额
月	日	字	号						
12	1			承前页				贷	1 211 467.14
12	31	记	84	年终结转利润分配其他各明细账余额		360 639.93		贷	850 827.21
12	31	记	85	年终本年利润结转			3 606 399.25	贷	4 457 226.46
12	31			本月合计		360 639.93	3 606 399.25	贷	4 457 226.46

表 5.75（续）

20×7 年		凭证		摘要	对方科目	借方金额	贷方金额	借或贷	余额
月	日	字	号						
12	31			本年合计		略	略	贷	4 457 226.46
12	31			结转下年		4 457 226.46		平	

表 5.76　　5001 生产成本明细账

户名或编号：5001-001 聚酯复合管

总第 5001 页　分第 001-1　页

20×7 年		凭证		摘要	对方科目	借方	贷方	借或贷	余额	借方发生额		
月	日	字	号							直接材料	直接人工	制造费用
12	1	记	3	生产产品领用材料		287 560.00		借	287 560.00	287 560.00		
12	5	记	12	生产产品领用材料		434 850.00		借	722 410.00	434 850.00		
12	12	记	30	生产产品领用材料		452 883.50		借	1 175 293.50	452 883.50		
12	19	记	43	生产产品领用材料		452 958.50		借	1 628 252.00	452 958.50		
12	26	记	52	生产产品领用材料		226 951.50		借	1 855 203.50	226 951.50		
12	30	记	63	分配本月工资费用		122 951.53		借	1 978 155.03		122 951.53	
12	30	记	64	分配本月职工过节福利费用		6 400.00		借	1 984 555.03		6 400.00	
12	30	记	65	计提本月单位负担的职工社会保险费		37 869.07		借	2 022 424.10		37 869.07	
12	30	记	66	计提本月单位负担的职工住房公积金		6 147.58		借	2 028 571.68		6 147.58	
12	30	记	67	计提本月工会经费		2 459.03		借	2 031 030.71		2 459.03	
12	30	记	68	计提本月职工教育经费		1 844.27		借	2 032 874.98		1 844.27	
12	31	记	69	月末结转本月制造费用		241 530.85		借	2 274 405.83			241 530.85
12	31	记		本月合计		2 274 405.83		借	2 274 405.83	1 855 203.50	177 671.48	241 530.85
12	31	记	70	结转完工产品成本			2 274 405.83	平		-1 855 203.50	-177 671.48	-241 530.85
12	31			本年合计		略	略	平				

表 5.77

制造费用明细账

户名或编号：5101-001 生产车间

总第 5001 页 分第 001-1 页

20×7年		凭证		摘要	借方	贷方	借或贷	余额	借方发生额								
月	日	字	号						工资	福利费	社会保险费	住房公积金	工会经费	职工教育经费	维修费	水电费	折旧费
12	11	记	27	支付贵阳东升公司设备维修费	12 820.51		借	12 820.51							12 820.51		
12	21	记	45	付贵阳双林公司车间设备保养维修费	20 000.00		借	32 820.51							20 000.00		
12	25	记	51	支付供电局电费	152 820.38		借	185 640.89								152 820.38	
12	28	记	58	支付本月水费	2 216.72		借	187 857.61								2 216.72	
12	30	记	62	计提本月固定资产折旧费	29 370.84		借	217 228.45									29 370.84
12	30	记	63	分配本月工资费用	16 800.00		借	234 028.45	16 800.00								
12	30	记	64	分配本月职工过节福利费用	900.00		借	234 928.45		900.00							
12	30	记	65	计提本月单位负担的职工社会保险费	5 174.40		借	240 102.85			5 174.40						
12	30	记	66	计提本月单位负担的职工住房公积金	840.00		借	240 942.85				840.00					
12	30	记	67	计提本月工会经费	336.00		借	241 278.85					336.00				
12	30	记	68	计提本月职工教育经费	252.00		借	241 530.85						252.00			
12	31			本月合计	241 530.85				16 800.00	900.00	5 174.40	840.00	336.00	252.00	32 820.51	155 037.10	29 370.84
12	31	记	69	月末结转本月制造费用		241 530.85	平	0.00	−16 800.00	−900.00	−5 174.40	−840.00	−336.00	−252.00	−32 820.51	−155 037.10	−29 370.84
12	31			本年合计	略	略	平										

表 5.78　　6001 主营业务收入明细账

户名或编号：6001-001 聚酯复合管 300mm

总第 6001 页　分第 001-1 页

20×7 年		凭证		摘要	对方科目	借方金额	贷方金额	借或贷	余额
月	日	字	号						
12	2	记	5	销售（黔北精煤）			93 600.00	贷	93 600.00
12	6	记	14	销售（贵阳友谊机械厂）			117 360.00	贷	210 960.00
12	21	记	47	销售（黔北精煤）			1 014 000.00	贷	1 224 960.00
12	26	记	55	销售山东东海煤矿有限公司			1 170 000.00	贷	2 394 960.00
12	31	记	79	结转本月收入至本年利润		2 394 960.00		平	
12	31			本月合计		2 394 960.00	2 394 960.00	平	
12	31			本年合计		略	略	平	

表 5.79　　6001 主营业务收入明细账

户名或编号：6001-002 聚酯复合管 200mm

总第 6001 页　分第 002-1 页

20×7 年		凭证		摘要	对方科目	借方金额	贷方金额	借或贷	余额
月	日	字	号						
12	2	记	5	销售（黔北精煤）			116 160.00	贷	116 160.00
12	8	记	19	销售山东东海煤矿有限公司			264 000.00	贷	380 160.00
12	21	记	47	销售（黔北精煤）			580 800.00	贷	960 960.00
12	26	记	55	销售山东东海煤矿有限公司			528 000.00	贷	1 488 960.00
12	31	记	79	结转本月收入至本年利润		1 488 960.00		平	
12	31			本月合计		1 488 960.00	1 488 960.00	平	
12	31			本年合计		略	略	平	

表 5.80 6111 投资收益明细账

户名或编号：6111-001 国债利息

总第 6111 页 分第 001-1 页

20×7 年		凭证		摘要	对方科目	借方金额	贷方金额	借或贷	余额
月	日	字	号						
12	30	记	72	计提本期债券投资利息收益			6 000.00	贷	6 000.00
12	31	记	79	结转本月收入至本年利润		6 000.00		平	
12	31			本月合计		6 000.00	6 000.00	平	
12	31			本年合计		略	略	平	

表 5.81 6401 主营业务成本明细账

户名或编号：6401-001 聚酯复合管 300mm

总第 6401 页 分第 001-1 页

20×7 年		凭证		摘要	对方科目	借方金额	贷方金额	借或贷	余额
月	日	字	号						
12	31	记	71	结转本月发出产品成本		1 696 430.00		借	1 696 430.00
12	31	记	80	结转本月费用至本年利润			1 696 430.00	平	
12	31			本月合计		1 696 430.00	1 696 430.00	平	
12	31			本年合计		略	略	平	

表 5.82　　6401 主营业务成本明细账

户名或编号：6401-002 聚酯复合管 200mm

总第 6401　页　分第 002-1　页

20×7 年		凭证		摘要	对方科目	借方金额	贷方金额	借或贷	余额
月	日	字	号						
12	31	记	71	结转本月发出产品成本		1 024 900.80		借	1 024 900.80
12	31	记	80	结转本月费用至本年利润			1 024 900.80	平	
12	31			本月合计		1 024 900.80	1 024 900.80	平	
12	31			本年合计		略	略	平	

表 5.83　　6403 税金及附加明细账

户名或编号：6403-001 税金及附加

总第 6403 页　分第 001-1 页

20×7 年		凭证		摘要	对方科目	借方金额	贷方金额	借或贷	余额
月	日	字	号						
12	31	记	75	计提本月税金及附加费		36 845.84		借	36 845.84
12	31	记	80	结转本月费用至本年利润			36 845.84	平	
12	31			本月合计		36 845.84	36 845.84	平	
12	31			本年合计		略	略	平	

表 5.84

6601 销售费用明细账

户名或编号：6601-001 销售费用

总第 6601 页　分第 001-1 页

20×7 年		凭证		摘要	对方科目	借方	贷方	借或贷	余额	借方发生额					
月	日	字	号							广告费	工资及福利费	社会保险费	住房公积金	工会经费	职工教育经费
12	12	记	28	支付贵阳尚锐广告公司广告策划费		10 000.00		借	10 000.00	10 000.00					
12	30	记	63	分配本月工资费用		19 000.00		借	29 000.00		19 000.00				
12	30	记	64	分配本月职工过节福利费用		1 100.00		借	30 100.00		1 100.00				
12	30	记	65	计提本月单位负担的职工社会保险费		5 852.00		借	35 952.00			5 852.00			
12	30	记	66	计提本月单位负担的职工住房公积金		950.00		借	36 902.00				950.00		
12	30	记	67	计提本月工会经费		380.00		借	37 282.00					380.00	
12	30	记	68	计提本月职工教育经费		285.00		借	37 567.00						285.00
12	31			本月费用合计		37 567.00		借	37 567.00	10 000.00	20 100.00	5 852.00	950.00	380.00	285.00
12	31	记	80	结转本月费用至本年利润			37 567.00	平		-10 000.00	-20 100.00	-5 852.00	-950.00	-380.00	-285.00
12	31			本年合计		略	略	平							

表 5.85

6602 管理费用明细账

户名或编号：6602-001 管理费用

总第 6602 页　分第 001-1 页

20×7 年		凭证		摘要	借方	贷方	借或贷	余额	借方发生额												
月	日	字	号						办公费	差旅费	通信费	水电费	业务招待费	维修费	累计折旧及累计摊销费	工资及福利费	社会保险费	住房公积金	工会经费	职工教育经费	其他
12	3	记	10	购买办公用品	658.00		借	658.00	658.00												
12	6	记	13	李军报差旅费	12 050.00		借	12 708.00		12 050.00											
12	9	记	20	刘大刚报销招待费	2 750.00		借	15 458.00					2 750.00								
12	9	记	21	江小芳报销电话费	785.00		借	16 243.00			785.00										
12	15	记	35	王强报销差旅费退回余款	4 600.00		借	20 843.00		4 600.00											
12	19	记	42	付四新电脑公司维修费	3 000.00		借	23 843.00						3 000.00							
12	25	记	51	支付供电局电费	2 324.92		借	26 167.92				2 324.92									
12	26	记	53	刘宏报销招待费	3 580.00		借	29 747.92					3 580.00								
12	28	记	58	支付水费	157.17		借	29 905.09				157.17									
12	30	记	61	收材料毁损赔款余款计费用	406.75		借	30 311.84													406.75
12	30	记	62	计提本月固定资产折旧费	18 309.55		借	48 621.39							18 309.55						
12	30	记	63	分配本月工资费用	153 200.00		借	201 821.39								153 200.00					

表5.85(续)

20×7年		凭证		摘要	借方	贷方	借或贷	余额	借方发生额												
月	日	字	号						办公费	差旅费	通信费	水电费	业务招待费	维修费	累计折旧及累计摊销费	工资及福利费	社会保险费	住房公积金	工会经费	职工教育经费	其他
12	30	记	64	分配本月职工过节福利费用	5 500.00		借	207 321.39								5 500.00					
12	30	记	65	计提本月单位负担的职工社会保险费	47 185.60		借	254 506.99									47 185.60				
12	30	记	66	计提本月单位负担的职工住房公积金	7 660.00		借	262 166.99										7 660.00			
12	30	记	67	计提本月工会经费	3 064.00		借	265 230.99											3 064.00		
12	30	记	68	计提本月职工教育经费	2 298.00		借	267 528.99												2 298.00	
12	30	记	73	计提本月无形资产摊销费	15 000.00		借	282 528.99							15 000.00						
12	31			本月费用合计	282 528.99				658.00	16 650.00	785.00	2 482.09	6 330.00	3 000.00	33 309.55	158 700.00	47 185.60	7 660.00	3 064.00	2 298.00	406.75
12	31	记	80	结转本月费用至本年利润		282 528.99	平		−658.00	−16 650.00	−785.00	−2 482.09	−6 330.00	−3 000.00	−33 309.55	−158 700.00	−47 185.60	−7 660.00	−3 064.00	−2 298.00	−406.75
12	31			本年合计	略	略	平														

表 5.86　6603 财务费用明细账

户名或编号：6603-001 财务费用

总第 6603 页　分第 001-1 页

20×7 年		凭证		摘要	对方科目	借方	贷方	借或贷	余额	借方发生额		
月	日	字	号							手续费	利息费用	其他
12	1	记	7	支付手续费		35.00		借	35.00	35.00		
12	11	记	26	支付工行借款利息		1 500.00		借	1 535.00		1 500.00	
12	21	记	48	收银行存款利息收入		-4 197.94		借	-2 662.94		-4 197.94	
12	28	记	59	支付银行手续费		265.00		借	-2 397.94	265.00		
12	31	记	77	计提本月借款利息		51 250.00		借	48 852.06		51 250.00	
12	31			本月费用合计		48 852.06		借	48 852.06	300.00	48 552.06	
12	31	记	80	结转本月费用至本年利润			48 852.06	平		-300.00	-48 552.06	0.00
12	31			本年合计		略	略	平				

表 5.87　6701 资产减值损失明细账

户名或编号：6701-001 坏账损失

总第 6701 页　分第 001-1 页

20×7 年		凭证		摘要	对方科目	借方金额	贷方金额	借或贷	余额
月	日	字	号						
12	31	记	76	年末计提坏账准备		174 846.88		借	174 846.88
12	31	记	80	结转本月费用至本年利润			174 846.88	平	
12	31			本月合计		174 846.88	174 846.88	平	
12	31			本年合计		略	略	平	

表 5.88　6711 营业外支出明细账

户名或编号：公益性捐赠支出

总第 6711 页　分第 001-1 页

20×7 年		凭证		摘要	对方科目	借方	贷方	借或贷	余额
月	日	字	号						
12	17	记	39	支付贵阳欣欣残疾人中心捐助款		20 000.00			20 000.00
12	31	记	80	结转本月费用至本年利润			20 000.00	平	
12	31			本月合计		20 000.00	20 000.00	平	
12	31			本年合计		略	略	平	

表 5.89　　6801 所得税费用明细账

户名或编号：6801-001 当期所得税费用

总第 6801 页　分第 001-1 页

20×7 年		凭证		摘要	对方科目	借方金额	贷方金额	借或贷	余额
月	日	字	号						
12	31	记	81	计提本季应交企业所得税		212 021.08		借	212 021.08
12	31	记	82	结转本月费用至本年利润			212 021.08	平	
12	31			本月合计		212 021.08	212 021.08	平	
12	31			本年合计		略	略	平	

四、科目汇总表及总分类账簿

本实验中该企业采用科目汇总表核算组织程序，因此总分类账应根据科目汇总表进行登记。科目汇总表可一个月编制一张，也可 10 天、15 天编制一张。答案中按一个月只编制一张进行处理，实验中指导老师可根据具体情况要求学生编制多张科目汇总表，并据此登记总分类账。（本部分仅以两个账户为例给出答案，其余账户的总账可参考进行登记。）

表 5.90　　科目汇总表

编制日期 20×7 年 12 月 31 日　　编号 1201

科目名称	本期借方发生额	本期贷方发生额	总账页数
库存现金	50 900.00	32 823.00	
银行存款	6 891 197.94	6 362 430.34	
应收票据			
应收账款	4 547 186.40	6 387 000.00	
其他应收款	30 000.00	17 000.00	
应收利息	6 000.00		
坏账准备		174 846.88	
原材料	1 874 950.00	1 855 978.50	
在途材料		76 500.00	
库存商品	2 274 405.83	2 721 330.80	
持有至到期投资			
固定资产	103 059.82	–	

表5.90(续)

科目名称	本期借方发生额	本期贷方发生额	总账页数
累计折旧		47 680.39	
无形资产			
累计摊销		15 000.00	
待处理财产损溢	906.75	906.75	
短期借款	1 000 000.00	500 000.00	
应付账款	3 534 654.00	1 930 469.00	
应付职工薪酬	497 399.94	492 216.80	
应交税费	849 462.35	1 218 513.22	
应付利息	579 750.00	51 250.00	
长期借款			
实收资本			
盈余公积		360 639.93	
本年利润	7 140 391.90	3 889 920.00	
利润分配	721 279.86	3 967 039.18	
生产成本	2 274 405.83	2 274 405.83	
制造费用	241 530.85	241 530.85	
主营业务收入	3 883 920.00	3 883 920.00	
投资收益	6 000.00	6 000.00	
主营业务成本	2 721 330.80	2 721 330.80	
税金及附加	36 845.84	36 845.84	
管理费用	282 528.99	282 528.99	
销售费用	37 567.00	37 567.00	
财务费用	48 852.06	48 852.06	
资产减值损失	174 846.88	174 846.88	
营业外支出	20 000.00	20 000.00	
所得税费用	212 021.08	212 021.08	
合计	40 041 394.12	40 041 394.12	

表 5.91　　　　　　　　1101 库存现金总账

第×××页

20×7 年		凭证号	摘要	借方金额	贷方金额	借或贷	余额
月	日						
12	1		承前页			借	13 478.52
12	31	科汇 1201	1-31 日汇总（科汇 1201 号）	50 900.00	32 823.00	借	31 555.52
12	31		本月合计	50 900.00	32 823.00	借	31 555.52
12	31		本年合计	略	略	借	31 555.52
12	31		结转下年		31 555.52	平	

表 5.92　　　　　　　　5001 生产成本总账

第×××页

20×7 年		凭证号	摘要	借方金额	贷方金额	借或贷	余额
月	日						
12	31	科汇 1201	1-31 日汇总（科汇 1201 号）	2 274 405.83	2 274 405.83	平	—
12	31	—	本月合计	2 274 405.83	2 274 405.83	平	
12	31		本年合计	略	略	平	

五、会计报表

1. 试算平衡表

表 5.93　　　　　　　　试算平衡表

编制单位：贵州新华管业有限公司　20×7 年 12 月 31 日　　　　单位：元

科目名称	期初余额		本期发生额		期末余额	
	借方	贷方	借方	贷方	借方	贷方
库存现金	13 478.52		50 900.00	32 823.00	31 555.52	
银行存款	3 527 856.88		6 891 197.94	6 362 430.34	4 056 624.48	
应收票据	2 200 000.00				2 200 000.00	
应收账款	8 986 543.00		4 547 186.40	6 387 000.00	7 146 729.40	
其他应收款	12 000.00		30 000.00	17 000.00	25 000.00	
应收利息			6 000.00		6 000.00	
坏账准备		58 000.00		174 846.88		232 846.88
原材料	648 300.00		1 874 950.00	1 855 978.50	667 271.50	

表5.93(续)

科目名称	期初余额		本期发生额		期末余额	
	借方	贷方	借方	贷方	借方	贷方
在途材料	76 500.00			76 500.00		
库存商品	825 250.00		2 274 405.83	2 721 330.80	378 325.03	
持有至到期投资	200 000.00				200 000.00	
固定资产	8 945 040.00		103 059.82	–	9 048 099.82	
累计折旧		1 699 053.69		47 680.39		1 746 734.08
无形资产	9 000 000.00				9 000 000.00	
累计摊销		525 000.00		15 000.00		540 000.00
待处理财产损溢			906.75	906.75		
短期借款		2 000 000.00	1 000 000.00	500 000.00		1 500 000.00
应付账款		2 440 344.00	3 534 654.00	1 930 469.00		836 159.00
应付职工薪酬		467 213.62	497 399.94	492 216.80		462 030.48
应交税费		189 064.20	849 462.35	1 218 513.22		558 115.07
应付利息		528 500.00	579 750.00	51 250.00		–
长期借款		6 000 000.00				6 000 000.00
实收资本		15 000 000.00				15 000 000.00
盈余公积		1 065 853.85		360 639.93		1 426 493.78
本年利润		3 250 471.90	7 140 391.90	3 889 920.00		–
利润分配		1 211 467.14	721 279.86	3 967 039.18		4 457 226.46
生产成本			2 274 405.83	2 274 405.83		
制造费用			241 530.85	241 530.85		
主营业务收入			3 883 920.00	3 883 920.00		
投资收益			6 000.00	6 000.00		
主营业务成本			2 721 330.80	2 721 330.80		
税金及附加			36 845.84	36 845.84		
管理费用			282 528.99	282 528.99		
销售费用			37 567.00	37 567.00		
财务费用			48 852.06	48 852.06		
资产减值损失			174 846.88	174 846.88		
营业外支出			20 000.00	20 000.00		
所得税费用			212 021.08	212 021.08		
合计	34 434 968.40	34 434 968.40	40 041 394.12	40 041 394.12	32 759 605.75	32 759 605.75

2. 资产负债表

表 5.94　　**资产负债表**

20×7-12-31　　会企 01 表

编制单位：贵州新华管业有限公司　　单位：元

资产	行次	年初余额	期末余额	负债和所有者权	行次	年初余额	期末余额
流动资产：				流动负债：			
货币资金			4 088 180.00	短期借款			1 500 000.00
交易性金融资产				交易性金融负债			
应收票据			2 200 000.00	应付票据			
应收账款			6 913 882.52	应付账款			836 159.00
预付账款				预收账款			
应收利息			6 000.00	应付职工薪酬			462 030.48
应收股利				应交税费			558 115.07
其他应收款			25 000.00	应付利息			
存货			1 045 596.53	应付股利			
一年内到期的非流动资产				其他应付款			
其他流动资产				一年内到期的非流动负债			
流动资产合计			14 278 659.05	其他流动负债			3 356 304.55
非流动资产：				流动负债合计			
可供出售金融资产				非流动负债：			
持有至到期投资			200 000.00	长期借款			6 000 000.00
长期应收款				应付债券			
长期股权投资				长期应付款			
投资性房地产				专项应付款			
固定资产			7 301 365.74	预计负债			
在建工程				递延所得税负债			
工程物资				其他非流动负债			
固定资产清理				非流动负债合计			6 000 000.00
生产性生物资产				负债合计			9 356 304.55
油气资产				所有者权益（或股东权益）			
无形资产			8 460 000.00	实收资本（或股本）			15 000 000.00
开发支出				资本公积			
商誉				减：库藏股			
长期待摊费用				盈余公积			1 426 493.78
递延所得税资产				未分配利润			4 457 226.46

表5.94(续)

资产	行次	年初余额	期末余额	负债和所有者权	行次	年初余额	期末余额
其他非流动资产				所有者权益合计			20 883 720.24
非流动资产合计			15 961 365.74				
资产总计			30 240 024.79	负债和所有者权益总计			30 240 024.79

3. 利润表

表 5.95 **利润表**

20×7 年 12 月

会企 02 表

编制单位：贵州新华管业有限公司 单位：元

项目	行次	本期数	上期数
一、营业收入		3 883 920.00	
减：营业成本		2 721 330.80	
税金及附加		36 845.84	
销售费用		37 567.00	
管理费用		282 528.99	
财务费用		48 852.06	
资产减值损失		174 846.88	
加：公允价值变动收益（损失以“-”号填列）			
投资收益（损失以“-”号填列）		6 000.00	
二、营业利润（亏损以“-”号填列）		587 948.43	
加：营业外收入			
减：营业外支出		20 000.00	
其中：非流动资产处置损失			
三、利润总额		567 948.43	
减：所得税		212 021.08	
四、净利润（亏损以“-”号填列）		355 927.35	
五、每股收益			
（一）基本每股收益			
（二）稀释每股收益			

4. 现金流量表

表 5.96　　　　　　　　　　　　　　**现金流量表**

20×7 年 12 月　　　　　　　　　　　　　　　会企 02 表

编制单位：贵州新华管业有限公司　　　　　　　　　　　　单位：元

项目	行次	金额
一、经营活动产生的现金流量：		
销售商品、提供劳务收到的现金		6 387 000.00
收到的税费返还		
收到的其他与经营活动有关的现金		900.00
现金流入小计		6 387 900.00
购买商品、接受劳务支付的现金		3 709 021.50
支付给职工以及为职工支付的现金		451 479.62
支付的各项税费		189 064.20
支付的其他与经营活动有关的现金		293 858.02
现金流出小计		4 643 423.34
经营活动产生的现金流量净额		1 744 476.66
二、投资活动产生的现金流量：		
收回投资所收到的现金		
取得投资收益所收到的现金		
处置固定资产、无形资产和其他长期资产所收回的现金净额		
收到的其他与投资活动有关的现金		
现金流入小计		
购建固定资产、无形资产和其他长期资产所支付的现金		120 580.00
投资所支付的现金		
支付的其他与投资活动有关的现金		
现金流出小计		120 580.00
投资活动产生的现金流量净额		-120 580.00
三、筹资活动产生的现金流量：		
吸收投资所收到的现金		
取得借款所收到的现金		500 000.00
收到的其他与筹资活动有关的现金		
现金流入小计		500 000.00
偿还债务所支付的现金		1 000 000.00

表5.96(续)

项目	行次	金额
分配股利、利润和偿付利息所支付的现金		577 052.06
支付的其他与筹资活动有关的现金		
现金流出小计		1 577 052.06
筹资活动产生的现金流量净额		−1 077 052.06
四、汇率变动对现金的影响		
五、现金及现金等价物净增加额		546 844.60
六、期末现金及现金等价物余额		4 088 180.00